Martina Wagner

Natur-Erlebnis-Spiele für Kita, Hort und Schule

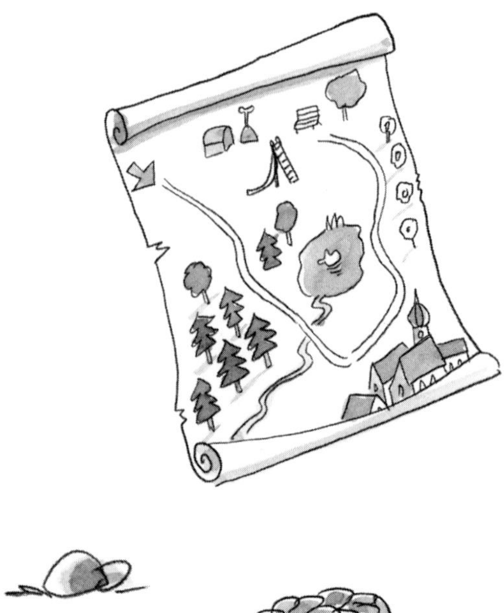

Martina Wagner

Natur-Erlebnis-Spiele für Kita, Hort und Schule

Abenteuer für alle Sinne

HERDER

FREIBURG · BASEL · WIEN

Die im Buch veröffentlichten Ratschläge wurden von der Verfasserin sorgfältig erarbeitet und geprüft. Eine Garantie kann dennoch nicht übernommen werden, ebenso ist eine Haftung der Verfasserin bzw. des Verlages und seiner Beauftragten für Personen-, Sach- und Vermögensschäden ausgeschlossen.

www.herder.de

Umschlaggestaltung und -konzeption: SchwarzwaldMädel, Simonswald
Umschlagfoto: © Dmitry Naumov – Fotolia.com
Illustrationen Innenteil: Klaus Puth, Mühlheim
Layout, Satz und Gestaltung: Arnold & Domnick, Leipzig
Druck und Bindung: fgb · freiburger grafische betriebe
www.fgb.de

Gedruckt auf umweltfreundlichem, chlorfrei gebleichtem Papier
Printed in Germany

ISBN 978-3-451-32354-6

Inhalt

Vorwort

Die Natur als Spiel- und Lernumfeld

Die Natur bietet viele Möglichkeiten zum Spielen und hält eine Fülle von Erfahrungsmöglichkeiten bereit; Spaziergänge, Wald- und Naturtage laden zum Entdecken und Staunen ein. Kinder brauchen die Natur und sie lieben Abenteuer. Sie brauchen Abwechslung und Bewegung, aber auch Ruhe und Entspannung. Die Natur, die Wälder und Wiesen sind der ideale Ort, an dem die Kinder all das finden können. Hier haben Kinder ausreichend Raum und Bewegungsfreiheit, sie können sich austoben, ausleben und ausprobieren.

Die Natur ist für Kinder ein Abenteuerspielplatz der ganz besonderen Art. Im Weg liegende Äste, ein steiler Hang, hohes Gras oder Gebüsch, ein unebener Waldboden oder große Steine im Bach stellen für die Kinder eine Herausforderung dar. Sie loten hier ihre Möglichkeiten aus und stellen ihr Können auf die Probe. Dabei schulen sie ihre motorischen Fähigkeiten und entwickeln Selbstvertrauen.

Kinder kommen draußen in der Natur zu einer inneren Ruhe, wie sie im Alltag kaum noch erfahrbar ist. Mit Neugier und Offenheit sammeln die Kinder bei Spaziergängen, Wald- und Naturtagen eine Fülle von sinnlichen Erfahrungen. Hier lernen die Kinder ganzheitlich und intensive Naturerlebnisse werden ermöglicht.

In der Natur gibt es keine Spielsachen, nichts ist vorgefertigt. Geheimnisvolle Bäume, unterschiedlichste Naturgegenstände, ungewohnte Geräusche regen die Fantasie und Kreativität der Kinder an. Ein Stück Baumrinde wird zu einem Schiffchen oder ein Zapfen zu einem Waldwichtel. Die Kinder werden schöpferisch tätig und zu eigenem Handeln herausgefordert. Sie entwickeln mehr Selbstbewusstsein, da sie die Erfahrung machen, etwas geschafft oder gelernt zu haben.

Außerdem erhalten die Kinder die Möglichkeit, Pflanzen und Tiere in ihren Lebensräumen kennenzulernen. Ganz nebenbei lernen Kinder im behutsamen Umgang mit Pflanzen und Tieren die Natur zu schätzen und zu schützen.

Erlebnispädagogik

Die Wurzeln der Erlebnispädagogik reichen bis in die Zeit der Reformpädagogik zurück, doch sie verfolgt Ziele, die noch und gerade heute aktuell und wichtig sind. Das Einbeziehen der natürlichen Umwelt ist grundlegender Bestandteil der Methode, außerdem geht es ihr um die Förderung der Kinder in den Bereichen Selbstwertgefühl, Körpergefühl und Selbsteinschätzung, Konfliktfähigkeit, Eigeninitiative und Verantwortung sowie um die Vermittlung von grundlegenden Werten. Als methodischer Ansatz für Vorschulkinder steht das gemeinsame Erleben, die Herausforderung durch Aufgaben und deren kreative Lösung im Mittelpunkt.

Naturpädagogik

Bei der Naturpädagogik steht die Vorstellung im Zentrum, dass der Mensch auf seine Mitwelt angewiesen ist. Die Achtung der Natur und Umwelt, die Freude an der Schöpfung und die Notwendigkeit der Erhaltung intakter natürlicher Lebensräume werden unmittelbar erfahrbar. Gemeinsam wird geforscht, gespielt, beobachtet und experimentiert, und damit einher geht die Förderung fein- und grobmotorischer Fähigkeiten, der Konzentration und des Selbstvertrauens, der sozialen Kompetenzen und das Wissen um Nachhaltigkeit und die Schutzbedürftigkeit der Natur.

Erlebnisspiele

Bei Erlebnisspielen steht die Gemeinschaft der Kinder im Vordergrund und jedes Kind ist mit all seinen Fähigkeiten und Schwächen angesprochen. Die Gruppe muss gemeinsam vorgehen, um Lösungen zu finden und weiterzukommen. Gerade die eher schwachen, ängstlichen und meist abseits stehenden Kinder finden hier Anklang und Bestätigung in ihrem eigenen Tun. Sie erleben Zugehörigkeit und Anerkennung; ihr Selbstwertgefühl und Selbstbewusstsein wird damit gefestigt. Bei gemeinschaftlichen Aktionen spielt gegenseitiges Vertrauen und Helfen eine wichtige Rolle, denn nur Vertrauen und Sicherheit machen Mut, an die eigenen Grenzen zu gehen. Die Kinder lernen Rücksicht zu nehmen, zu helfen und Schwächen anderer zu akzeptieren.

Kinder brauchen Herausforderungen und bekommen durch Ausprobieren und Experimentieren eine gute Grundlage zur Selbsteinschätzung. Die Erlebnis-Spielaktionen mit unterschiedlichen Themen, wie sie in diesem Buch vorgestellt werden, geben einen Rahmen und Spiele vor, die den Kindern diese wichtigen Impulse und Erfahrungen vermitteln können.

Spielen im Freien

Auch die Kinder von heute lieben Spiele im Freien. Sie vermitteln bleibende Erinnerungen, die sie mit Abenteuer, Spaß, Spannung und Gemeinschaft verbinden. Doch heutige Kinder sind oft sehr beschäftigt mit Freizeitaktivitäten, die hauptsächlich drinnen stattfinden und von Erwachsenen geplant und vorgegeben werden. Auch die Medien tragen dazu bei, dass Kinder regelrecht zu Hause festsitzen. Eigene Kreativität und Gemeinschaft mit anderen kommt dadurch oft zu kurz.

Viele Kinder erleben das Spiel im Freien meist auf vorgefertigten Plätzen wie Parks oder auf Spielplätzen. Eine naturbelassene Umgebung ist jedoch für Kinder um vieles interessanter. Ein Baum weckt Abenteuerlust ihn zu besteigen, ihn zu fühlen, ihn zu betrachten. Hinter Büschen kann man sich wunderbar verstecken. Es macht Spaß, durch hohes Gras zu laufen und sich von Abhängen kullern zu lassen.

Das Spiel im Freien ist mehr als Herumtoben. Es vermittelt dem Kind echtes Erleben und hält zu aktivem Handeln an. Die Kinder können in frischer Luft ihre körperlichen Fähigkeiten, Körperkraft, Geschicklichkeit, Reaktion und Ausdauer uneingeschränkt weiterentwickeln. So bietet das selbstständige Spielen im Freien eine wichtige Ausgleichsfunktion, die dem Kind zudem ein Gefühl der Zufriedenheit verschafft.

Regeln für Natur-Erlebnis-Spiele

Um Gefahren in freier Natur vorzubeugen und die Natur zu schützen, ist es wichtig, bestimmte Regeln einzuhalten.

- Die Kinder bleiben immer in Sichtweite der Betreuer. Vereinbarte Aufenthaltsbereiche dürfen ohne Rücksprache mit den Betreuern nicht verlassen werden. Es bleiben alle bei der Gruppe.
- Es dürfen keine unbekannten Waldfrüchte, Beeren, Gräser und Pilze gegessen werden.
- Tote Tiere, Kadaver und Kot dürfen nicht angefasst werden.
- Unfallgefahr: bei herumliegenden Baumstämmen, unübersichtlichem Gestrüpp, Felsen und Steinen ist Vorsicht geboten und eine erhöhte Aufsicht nötig. Die Spiele sind so zu wählen, dass sie dem Gelände angepasst sind.
- Verletzungsgefahr bei Stöcken: nicht in Gesichtshöhe halten, nicht damit rennen.
- Pflanzen, Zweige und Blätter von den Bäumen werden nicht wahllos abgerissen.
- Es werden keine Tiere zertreten oder gequält.
- Abfälle werden nicht weggeworfen, sondern mitgenommen.
- Lautes Schreien wird im Wald vermieden, da es die Tiere stört.
- Vor dem Essen werden die Hände gewaschen.
- Möglichkeiten zur Vermeidung einer Infektion durch Zecken: lange Hosen und Hemden/Shirts mit langen Ärmeln anziehen; Kopfbedeckung und feste Schuhe tragen; Socken über die Hosen ziehen; frühes gründliches Absuchen des Körpers nach einem Aufenthalt in Wald und Wiese; Kinder mit Zeckencreme eincremen.

Was an einem Wald- oder Naturtag nicht fehlen sollte!

- Ein wasserdichter Rucksack pro Kind mit Trinken und Essen (in bruchsicherer Trinkflasche und Vesperdose) und Regenkleidung.
- Wald- und wettergerechte Kleidung (wasserdichte Buddelhosen), bequemes festes Schuhwerk.

- Sitzunterlagen (Isomatten).
- Bei Hitze Sonnenhut und Sonnenschutzmittel nicht vergessen.
- Telefonliste der Eltern und des jeweiligen Hausarztes.
- Erste-Hilfe-Ausrüstung, Notrufhandy, Zeckenkarte und Pinzette.
- Toilettenpapier, Schaufel, Wasser zum Händewaschen, kleine Handtücher, Lappen, Plastiktüten.
- Bei jüngeren Kindern Wechselkleidung.
- Große Plastikplane zum Aufspannen eines Regendaches.
- Lupen/-becher, Landkarten, Naturführer, Ferngläser, Stofftaschen.
- Materialien für geplante Aktivitäten (z. B. Farben, Papier, Schnüre, Kletterseile, kleine Kindersägen, Leim, Lieder- u. Bilderbücher, usw.)

An wen richtet sich das Buch?

- Das Buch richtet sich an Erzieher/innen, Sozialpädagog/innen und Grundschullehrer/innen. Auch Eltern können viele dieser Spiele ihren Kindern anbieten.
- Die vorgestellten Angebote und Spiele sind für Kindergartenkinder und Grundschulkinder (3–10 Jahre) geeignet. Es handelt sich hauptsächlich um Spiele für Klein- oder Großgruppen. Einzelne Elemente und Spiele sind aber auch mit nur einem Kind durchführbar.

Gehen Sie mit Ihren Kindern nach draußen und lassen Sie sich von der Natur inspirieren. Teilen Sie mit den Kindern die Freude über die kleinen Dinge. Seien Sie gespannt, was Kinder entdecken und welche Ideen im Spiel entstehen. Werden Sie aktiv, geben Sie den Kindern Anregungen und Impulse und lassen Sie genügend Freiraum zu. Holen Sie die Natur nach drinnen und gestalten Sie damit ein neues Spielumfeld.

Viel Spaß mit den Kindern in der Natur!

Martina Wagner

Auf los geht's los!

Einfache Bewegungsspiele

Kinder erschließen sich ihre Welt aktiv. Mit allen Sinnen und vollem Körpereinsatz gehen sie auf Entdeckungsreise, um ihre Umwelt zu erkunden. Dabei sind Koordination und dosierter Krafteinsatz wichtige Größen, die es zu erfahren und zu beherrschen gilt. Kinder wollen herausgefordert werden, ihr Können erweitern und ihre körperlichen Grenzen erfahren. Zum Aufwärmen und Einstimmen eignen sich Bewegungsspiele optimal.

Fuchs und Tauben

Alter: ab 3 Jahren
Mitspieler: für Klein- und Großgruppen
Spieldauer: ca. 10 Minuten
Material: Kreide oder Seile, Glocke, Klanghölzer

Ein Kind ist der Fuchs und die anderen Kinder sind Tauben. Die Tauben befinden sich im Taubenschlag. Dieser wurde ebenso wie das mehrfach größere Spielfeld zuvor mit einem Seil oder Kreide abgegrenzt. Der Fuchs steht weit vom Taubenschlag entfernt auf der gegenüberliegenden Seite des Spielfelds und wartet, bis die Uhr zwölf schlägt. Die Glockenschläge werden von der Spielleitung mit Klanghölzern angedeutet.

Alle Kinder singen gemeinsam: *Ein Uhr hat's geschlagen, zwei Uhr …, drei Uhr … zwölf Uhr hat's geschlagen.* Sobald die Uhr zwölf geschlagen hat, müssen alle Tauben den Taubenschlag verlassen und auf dem Spielfeld umherfliegen. Der Fuchs versucht, so viele Tauben wie möglich zu fangen. Die gefangenen Tauben stellen sich neben das Spielfeld.

Wenn die Spielleitung die Glocke läutet, müssen alle Tauben schnell wieder in den Taubenschlag fliegen und der Fuchs darf sie nicht mehr fangen. Die Tauben, die der Fuchs gefangen hat, werden in den nächsten Runden zu Füchsen. Das Spiel endet, wenn alle Tauben gefangen sind.

Kinder brauchen Bewegung

Kinder, die sich ausreichend bewegen können, sind nicht nur in ihrer Motorik geschickter, sondern auch geistig aufnahmebereiter und damit lernfähiger. Auf Spaziergängen und Wanderungen, aber auch durch Bewegungsspiele im Alltag sollten Kinder so oft wie möglich die Gelegenheit haben, sich auszutoben, umherzutollen, zu balancieren, zu hüpfen, zu laufen, sich nach Herzenslust zu verausgaben.

Farbtopf

Alter: ab 3 Jahren
Mitspieler: 6 – 12 Kinder
Spieldauer: ca. 5–10 Minuten
Material: Tücher in den Farben Blau, Rot, Gelb und Grün, Trommel, Sandkasten oder große Decke

Die verschiedenfarbigen Tücher stellen Farbtöpfe dar und werden auf der Wiese verteilt. Ein Sandkasten dient als Wassertopf. Falls kein Sandkasten vorhanden ist, kann stattdessen eine große Decke auf die Wiese gelegt werden.

Die Kinder dürfen sich nun frei auf der Wiese bewegen. Sie sind Pinsel, die auf das Kommando der Spielleitung hören. Das Bewegungstempo wird mit einer Trommel vorgegeben. Ruft die Spielleitung „rote Farbe“, müssen sie so schnell wie möglich zum roten Tuch rennen. Bei „Gelb“ laufen sie schnell zum gelben Tuch usw. Fällt das Signal „Pinsel auswaschen“ springen alle Kinder schnell in den Sandkasten bzw. auf die Decke.

Tipps und Tricks: Wenn die Kinder die Farben noch nicht kennen, kann die Spielleitung als Hilfe zusätzlich ein farbiges Tuch hochhalten.

Jägerball

Alter: ab 5 Jahren
Mitspieler: für Klein- oder Großgruppen
Spieldauer: ca. 5–10 Minuten
Material: Softball, Seil bzw. Kreide

Für dieses Spiel wird ein großes Spielfeld mit einem langen Seil abgegrenzt oder mit Kreide auf Asphalt gemalt.

Zwei Kinder sind zu Beginn die Jäger und stehen außerhalb des Spielfelds auf zwei sich gegenüber liegenden Seiten. Die anderen Kinder sind Hasen, die sich im Spielfeld bewegen. Die Jäger müssen nun versuchen, die Hasen mit dem Softball abzuschießen. Wird ein Hase getroffen, so muss er das Spielfeld verlassen und wird zum Jäger. Gewonnen hat, wer als Letztes als Hase übrig bleibt.

Tuchball

Alter: ab 4 Jahren
Mitspieler: ab 8 Kindern (Vierergruppen)
Spieldauer: ca. 10–15 Minuten
Material: große Leintücher, Wasserbälle
Für die Variation: Luftballons mit Wasser, evtl. Badekleidung und Handtücher

Eine Gruppe von jeweils vier Kindern erhält ein Leintuch. Die Kinder halten es an den Ecken fest. Die Gruppe bekommt einen Wasserball, den sie auf dem Tuch kreisen, tanzen lassen und hochschleudern kann.

Dann spielen jeweils zwei Gruppen zusammen, die gemeinsam einen Wasserball erhalten. Sie versuchen nun, den Wasserball von einem Tuch zum anderen zu schleudern.

Variation: Bei heißem Wetter kann man einen Luftballon mit Wasser füllen und diesen von Tuch zu Tuch werfen. Wenn er platzt, kann das für eine willkommene Erfrischung sorgen.

Feldhockey

Alter: ab 6 Jahren
Mitspieler: 6–12 Kinder
Spieldauer: ca. 20–30 Minuten
Material: Holzstäbe, Ball, Straßenmalkreide oder Holzstickel, Abgrenzband

Für dieses Spiel werden zwei Tore und ein Spielfeld auf einer asphaltierten Fläche mit Straßenmalkreide markiert. Auf einer Wiese können das Spielfeld und die beiden Tore auch mit Holzstickeln und Abgrenzband abgesteckt werden.

Jedes Kind erhält nun einen Stab. Dann werden die Kinder in zwei Mannschaften aufgeteilt. Diese versuchen nun, mit ihren Stäben den Ball ins gegnerische Tor zu treiben.

Bevor das Spiel beginnt, müssen Regeln vereinbart werden:

- Es darf mit den Stab nicht gegen die Beine gestoßen werden.
- Wenn ein Tor gefallen ist, bekommt die Gegenmannschaft den Ball.
- Gewonnen hat die Mannschaft, die als erste 10 Tore schießt.

Tipps und Tricks: Zum Üben vorab bekommt jedes Kind einen Ball und versucht, ihn vor und zurück oder im Slalom um Hindernisse zu treiben.

Bewegungsbaustelle

Alter: ab 4 Jahren
Mitspieler: für Kleingruppen
Spieldauer: ca. 30–40 Minuten
Material: Autoschläuche, Holzbretter, Holzkisten, Decken, Kartons, Stühle, Getränkekisten, größere Steine etc.

Mit einfachen Materialien stellt die Spielleitung gemeinsam mit den Kindern eine Bewegungsbaustelle auf. Alle überlegen, was mit den verschiedenen Materialien gemacht werden kann. Es entstehen beispielsweise Wackelbrücken aus Autoschläuchen und Holzbrettern, Balancierbrücken aus Holzkisten und Brettern und Höhlen aus Stühlen, Kartons und Decken. Hinderniswege können mit größeren Steinen, Kartons und Getränkekisten aufgestellt werden.

Hinweis: Die Kinder sollten in der Lage sein, die Geräte weitgehend selbstständig zu benutzen.

Auf Sicherheit muss geachtet werden:
- Genügend Abstand zwischen den Stationen einhalten.
- Gegenstände ohne scharfe Kanten oder spitze Ecken verwenden.
- Auf Kipp- und Rutschgefahr achten.
- Wenn nötig Hilfestellung geben.

Alltägliche Dinge können den Kindern Impulse geben, ihre Neugierde und Aktivität anregen und sie zum Spielen auffordern. Damit verbunden sind Material- und Körpererfahrungen, die einen kreativen Handlungsspielraum schaffen und die Lust am Ausprobieren wecken.

Die Gespensterfamilie

Alter: ab 5 Jahren
Mitspieler: 6–12 Kinder
Spieldauer: ca. 15 Minuten
Material: Reifen in der Anzahl der Kinder

Die Kinder stellen eine Familie dar und es werden ihnen Rollen zugeteilt. Ein Kind ist der Gespenstervater, ein anderes die Gespenstermutter, die restlichen Kinder sind Gespenstermädchen und -jungen. Auf dem Boden liegen weiträumig verteilt Reifen, für jedes Kind einer. Die Kinder stellen oder setzen sich nun in ihren Reifen und hören der folgenden Geschichte zu, die die Spielleitung laut vorliest. Für die Kinder kommt es darauf an, gut zuzuhören und schnell zu reagieren. Wird in der Geschichte eine Person genannt, so muss das Kind, das diese Rolle zugeteilt bekommen hat, aufstehen und einmal um den Reifen laufen. Bei „Gespensterfamilie“ müssen alle Kinder um den Reifen laufen, bei „Gespenstereltern“ Vater und Mutter und bei „Gespensterkinder“ alle Gespenstermädchen und Gespensterjungen.

Reaktionsgeschichte: Die Gespensterfamilie
Vor vielen Jahren lebte auf Schloss Einstein eine **Gespensterfamilie.** Der **Gespenstervater** und die **Gespenstermutter** hatten **Gespenstermädchen** und **Gespensterjungen**.

Die **Gespensterfamilie** wurde immer wach, wenn die Uhr vom Schlossturm um Mitternacht 12 geschlagen hatte. Dann rutschten die **Gespensterkinder** die Geländer der vielen Schlosstreppen runter.
Ja, das machte den **Gespenstermädchen** und **Gespensterjungen** sehr viel Spaß. Die **Gespenstereltern** sahen dabei ihren **Gespensterkindern** begeistert zu und rutschten manchmal sogar selbst mit. Wenn die **Gespenstermädchen** und **Gespensterjungen** genug hatten vom Geländerrutschen, überlegten sie mit ihren **Gespenstereltern**, was sie in dieser Nacht noch alles anstellen könnten. Besonders gern schwirrte der **Gespenstervater** im

Schloss herum, um Menschen zu erschrecken. Die **Gespenstermutter** dagegen liebte es, auf der Terrasse des Schlosses die Sterne am Himmel zu betrachten. Am liebsten spielten die **Gespensterkinder** Verstecken. Oft mussten die **Gespensterjungen** die **Gespenstermädchen** suchen oder umgekehrt. Dabei fielen ihnen die schwierigsten Verstecke ein, z. B. im Küchenschrank, unter dem Bett des Königs, hinter dem Vorhang oder in irgendeiner schummrigen Ecke. Eines Tages jedoch versteckten sich die **Gespensterjungen** so gut, dass die **Gespenstermädchen** sie nicht mehr fanden. Sie suchten und suchten und konnten sie nirgends entdecken. Doch die Nacht war bald vorbei und die **Gespensterfamilie** musste zurück in ihr Quartier. Die **Gespenstermädchen** holten ihren **Gespenstervater** und ihre **Gespenstermutter** zu Hilfe, um die **Gespensterjungen** zu finden. Doch sie suchten alle vergebens, sie konnten die **Gespensterjungen** nicht finden. Als sie ganz traurig dasaßen und den **Gespenstermädchen** schon Tränen über die Wangen liefen, kamen die **Gespensterjungen** plötzlich zum Vorschein; sie hatten sich in der Ritterrüstung versteckt. Die **Gespenstereltern** nahmen ihre **Gespensterkinder** erleichtert in die Arme. Schnell flogen der **Gespenstervater**, die **Gespenstermutter**, die **Gespenstermädchen** und die **Gespensterjungen** zurück in ihr Quartier. Die **Gespensterfamilie** hatte es noch gerade rechtzeitig geschafft, ehe die Nacht vorbei war. Erleichtert und erschöpft schliefen der **Gespenstervater**, die **Gespenstermutter**, die **Gespenstermädchen** und die **Gespensterjungen** ein. Und auf die nächste Mitternacht, da freute sich jetzt schon die ganze **Gespensterfamilie**.

Variation: Das Spiel kann auch im Wald gespielt werden. Jedes Kind sucht sich einen nahegelegenen Baum und läuft um ihn herum, wenn seine Rollenbezeichnung genannt wird.

Die Spielleitung liest laut und deutlich vor und lässt Pausen, damit die Kinder reagieren und die Lauf-Aufgabe erfüllen können.

Gemeinschafts-spieleparcours

Alter: ab 4 Jahren
Mitspieler: 2–12 Kinder
Spieldauer: ca. 10–30 Minuten
Material: mehrere Stöcke, Äste (ca. 40–60 cm lang und ca. 10 cm stark), Naturgegenstände, Löffel, Kastanien, Tücher, Teller, Laub oder Hölzer, Schnüre und durchbohrte Kastanien oder Eicheln, Straßenmalkreide

Zur Vorbereitung werden auf einem Spielfeld (lichter Platz im Wald, Wiese oder Asphaltfläche) mehrere Stationen aufgebaut, an denen die Kinder auf unterschiedliche Weise ihre Kooperationsfähigkeit, Ausdauer, Geschicklichkeit, Koordination und Kraft trainieren können. Für jedes Spiel wird eine Strecke von ca. 10 Metern mit einer Startline und einem Zielpunkt (diese kann aufgemalt oder in den Boden eingeritzt werden) versehen. Je nach Alter der Kinder kann eine anspruchsvollere Strecke gewählt werden. Naturgegenstände, die im Spiel eingesetzt werden, werden vorab mit den Kindern gesucht und an den Stationen bereit gelegt.

Bei den Spielen steht nicht die Leistung im Vordergrund, sondern die Freude am Spiel und am gemeinschaftlichen Erleben. Nach jeder durchlaufenen Station dürfen sich die Kinder eine Kastanie oder Eichel auf eine Schnur als Kette auffädeln.

Aufwärmen

Jedes Kind sucht sich einen Partner. Paarweise gehen oder laufen die Kinder über das Spielfeld. Das Tempo gibt die Spielleitung durch Klatschen vor. Dazwischen werden Erwärmungsübungen gemacht, z. B.:

- Die Arme nach außen öffnen und gestreckt wieder vor dem Oberkörper zusammenführen.
- Beide Arme ganz hoch strecken, nach vorn beugen und die Zehen berühren.
- Wie ein Frosch oder ein Hase hüpfen.
- Einen wachsenden Baum darstellen. Von unten nach oben langsam erheben, Arme als Äste ausstrecken und die Äste im Wind schaukeln lassen.

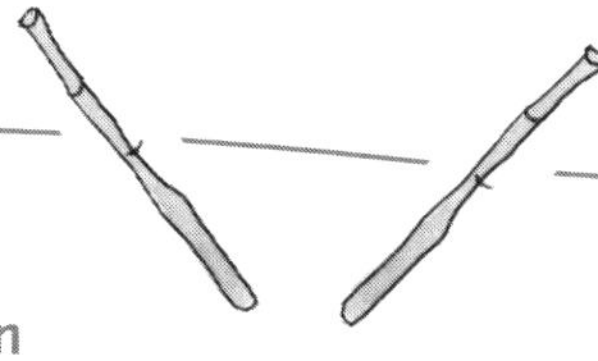

Ast rollen

Jeweils zwei Kinder versuchen, einen Ast mit Hilfe von Stöcken vom Start- zum Zielpunkt zu führen. Die Bahn sollte dabei nicht verlassen werden. Welche Gruppe schafft es, den Ast ins Ziel zu rollen?

Material transportieren

Die Spielerpaare stehen sich jeweils gegenüber und halten zwei Stöcke von etwa gleicher Länge an den Enden parallel zwischen sich. Ein Gegenstand aus der Natur (z. B. Rindenstück, Zweig, Wurzelstück, Stein oder großes Blatt) wird auf die beiden Stäbe gelegt. Die Aufgabe der Paare ist es nun, den Gegenstand ins Ziel zu transportieren, ohne dabei die Hände von den Stöcken zu nehmen oder den Naturgegenstand zu verlieren.

Kastanienlauf zu zweit

Zwei Kinder geben sich je eine Hand. Jedes Kind bekommt in die freie Hand einen Löffel mit einer Kastanie. Die Kinder müssen nun vom Start- zum Zielpunkt laufen und dabei möglichst ihre Kastanien nicht fallen lassen.

Dreibeinlauf

Mit einem Tuch wird das linke Bein eines Kindes mit dem rechten Bein des Partnerkindes verbunden. Auf diese Weise miteinander verbunden und aufeinander angewiesen, legen die Spielpartner nun eine bestimmte Strecke zurück.

Tellerlauf

Jeweils zwei Kinder halten gemeinsam einen Teller, auf den Laub (ca. 10–20 Blätter) gehäuft wird. Welche Gruppe schafft es ins Ziel zu kommen, ohne dabei ein Blatt zu verlieren?

Als Vereinfachung für kleinere Kinder werden Zweige oder Hölzer auf den Teller gelegt.

Bei den Partnerspielen müssen die Kinder kooperieren, sich aufeinander einlassen, ihre Bewegungen und ihr Tempo abstimmen, sich führen lassen oder den anderen führen. Das erweitert die Bewegungserfahrungen und die Sozialkompetenz.

Erlebnisse im Schnee

Alter: ab 3 Jahren
Mitspieler: für Klein- oder Großgruppen
Spieldauer: ca. 10–20 Minuten
Material: Plastiktüten

Auch der Winter lädt zu Bewegungsspielen im Freien ein. Warm eingepackt macht es Kindern großen Spaß, verschneite Wiesen zu erobern, Schneefiguren zu bauen und mit Schneebällen zu werfen.

Schneeball-Zielwurf

Zunächst werden etliche Schneebälle geformt, was je nach Beschaffenheit des Schnees einfacher oder schwieriger ist. Die Kinder erfahren, dass sich nasser Schnee besser dafür eignet. Danach werfen alle Kinder gemeinsam auf ein Ziel, etwa eine Zaunlatte oder eine Mauer.

Pfützenrutschen

Gefrorene Pfützen laden zum Rutschen ein. Die Kinder finden sich zu zweit zusammen und geben sich gegenseitig Hilfestellung, wenn sie vorsichtig über die glatte Pfützenoberfläche rutschen. Kleineren Kindern gibt die Spielleitung Hilfestellung.

Schneehügelspaß

Ein schneebedeckter Hügel verspricht abwechslungsreichen Spielspaß. Ein großer Schneeball wird geformt und von den Kindern gemeinsam den Hügel hinunter gerollt. Ist der Schnee feucht, wächst er zu einer riesigen Kugel an.

Seitwärts lässt sich ein Kind nach dem anderen den Hügel hinunterkullern, oder alle rutschen auf Plastiktüten den Hügel hinunter.

Wachsender Erfahrungsschatz

Über Bewegung lernen Kinder ihren Körper und sich selbst kennen und einschätzen. Mit zunehmender Bewegungserfahrung steigt die Selbstsicherheit der Kinder, sie wissen, was sie sich zutrauen können, sie meistern etwas und messen sich mit anderen.

Ritterspiele und andere Abenteuer

Gemeinsam und mutig zum Ziel

Kinder brauchen Herausforderungen. Sie wollen etwas gemeinsam erleben und aktiv werden. Anlässe kann es viele geben: Z. B. einen Schatz suchen und sich dabei den Herausforderungen von Aufgaben zu stellen; das weckt Abenteuerlust und fordert Kinder geradezu heraus, an die eigenen Grenzen zu gehen. Dadurch lernen und wachsen sie, entwickeln Mut und Selbstvertrauen. In gemeinsamen Aktionen wird der Gruppensinn gestärkt.

Walderlebnistour

Alter: ab 4 Jahren
Mitspieler: für 12 Kinder
Spieldauer: ca. 1–2 Stunden (je nach Wegstrecke und Aufgabenstellung)
Material: Handpuppe (z. B. Waldwichtel oder Waldmaus), weiteres Material siehe Einzelspiele

Die Erlebnistour findet am besten in einem Waldstück statt, das vielleicht bei einem gemeinsamen Spaziergang vorab erkundet werden konnte.

Die folgenden Spiele der Erlebnistour können in beliebiger Reihenfolge durchgeführt, je nach Anforderung abgewandelt oder ausgelassen werden. Lediglich das Abschlussspiel hat seinen festen Platz am Ende der Spieltour.

Zum Einstieg eröffnet die Spielleitung die Erlebnistour und lädt die Kinder ein, gemeinsam in den geheimnisvollen und abenteuerlichen Wald zu gehen. Dabei bedient sie sich einer Handpuppenfigur – ein Waldwichtel oder eine Waldmaus –, durch die sie spricht. Durch diese Figur erhalten die Kinder auch Hilfestellung bei den einzelnen Spielen, sie leitet von einem Spiel zum nächsten über und spricht den Kindern während des Spiels wenn nötig Mut zu.

Walderlebnistour: Tausendfüßler

Alter: ab 5 Jahren
Mitspieler: für 12 Kinder
Spieldauer: ca. 5 Minuten

Die Kinder stellen sich auf allen vieren hintereinander auf und greifen mit der rechten Hand durch die Beine nach der linken Hand des Hintermannes. Als riesiger Waldtausendfüßler laufen die Kinder nun eine kurze Strecke behutsam über den ebenen Waldboden zu einem großen Platz, ohne dass der Tausendfüßler auseinander bricht.

Tipps und Tricks: Die Kinder müssen sich langsam und vorsichtig bewegen. Jeder muss auf seinen Vorder- und Hintermann Rücksicht nehmen, damit der Tausendfüßler nicht auseinander bricht.

Walderlebnistour: Entlang der Schnur

Alter: ab 4 Jahren
Mitspieler: für 12 Kinder
Spieldauer: ca. 20 Minuten
Material: reißfeste, ca. 150 m lange Schnur, kürzere Schnüre
Für die Variation: mehrere Tücher oder Augenbinden

Zur Vorbereitung spannt die Spielleitung eine reißfeste Schnur von Baum zu Baum und bindet sie gut fest. Die Schnur sollte in unterschiedlichen Höhen gespannt werden, aber für jedes der Kinder immer erreichbar sein. Zwischendurch können kürzere Schnüre wie Spinnennetze gespannt werden.

Im Abstand von mehreren Metern gehen die Kinder los. Jedes Kind hält sich mit einer Hand an der Schnur fest und läuft an ihr entlang. Dabei muss es sich zum Teil bücken, zum Teil auf Zehenspitzen gehen und unterschiedliche Bodenstrukturen überwinden. Bei einem „Spinnennetz" muss sich das Kind durchschlängeln, über die Schnüre steigen oder sich ganz klein machen.

Ältere Kinder, die sich trauen, können mit geschlossenen Augen vorsichtig an der Schnur entlang gehen. Die Handpuppe macht die Kinder darauf aufmerksam, langsam zu gehen und auf mögliche Hindernisse zu achten.

Variation: Kinder ab ca. 6 Jahren können auch mit verbundenen Augen an der Schnur entlang laufen.

Hinweis: Bevor das Spiel beginnt vergewissert sich die Spielleitung, dass sich an der Schnurstrecke keine Zweige in Augenhöhe der Kinder befinden.

Walderlebnistour: Steinweg

Alter: ab 4 Jahren
Mitspieler: für 12 Kinder
Spieldauer: ca. 15 Minuten
Material: unterschiedliche Steine

Die Kinder werden einen Waldweg entlang geführt und sollen nach Steinen Ausschau halten, die, falls nötig, von der Spielleitung zuvor ausgelegt wurden. Jedes Kind soll einen Stein auswählen, der ihn besonders anspricht. Danach bilden die Kinder einen Kreis und alle legen ihren Stein in die Mitte. Die Steine werden gemischt und die Kinder suchen nun ihren Stein wieder aus der Vielzahl heraus.

Jedes Kind darf den anderen Kindern erzählen, an was es seinen Stein wiedererkannt hat und was ihm an seinem Stein besonders gefällt.

Variante: Die Kinder legen mit ihren Steinen gemeinsam ein Bild auf den Boden, z. B. einen Kreis, eine Sonne, eine Blume. Bei Bedarf können noch weitere Steine hierfür gesucht werden.

Walderlebnistour: Den Abhang hinab

Alter: ab 4 Jahren
Mitspieler: für 12 Kinder
Spieldauer: ca. 10 Minuten

Gemeinsam müssen die Kinder bei diesem Spiel versuchen, einen Abhang zu bewältigen. Der Abhang sollte die Kinder herausfordern, aber nicht überfordern. Bäume oder Wurzeln zum Festhalten sollten vorhanden sein.

Die Kinder laufen vorsichtig diesen steilen Abhang hinunter und halten sich dabei an Wurzeln oder Baumstämmen fest. Auch untereinander geben sich die Kinder Hilfestellung.

Bei Aktionen im Wald oder auf unwegsamem Gelände ist festes Schuhwerk unabdingbar, und auch bei schönem Wetter ist strapazierfähige, atmungsaktive Kleidung die richtige Wahl.

Walderlebnistour: Baumstamm-Balance

Alter: ab 3 Jahren
Mitspieler: für 12 Kinder
Spieldauer: ca. 20–30 Minuten
Material: liegende Baumstämme

Die Spielleitung führt die Kinder zu liegenden Baumstämmen. Die Kinder betrachten und untersuchen diese gefallenen Riesen des Waldes genau. Wie sieht die Rinde aus? Wie dick sind die Stämme? Ältere Kinder können die Ringe eines Baumes zählen und somit das Alter der Bäume erfahren (ein „dunkler“ und ein „heller“ Ring zusammen sind ein Jahr).

Beim Balancieren geben sich die Kinder nach Bedarf untereinander Hilfestellung. Die älteren Kinder können auch rückwärts auf den Baumstämmen balancieren oder zwei Kinder können versuchen, auf einem Baumstamm aneinander vorbei zu kommen.

Variante: 6–10 Kinder ab 8 Jahren können sich auf einen langen liegenden Baumstamm stellen und versuchen, sich nach dem Alter zu sortieren, ohne den Stamm zu verlassen. Es können auch andere Kriterien gelten, z. B. die alphabetische Reihenfolge der Anfangsbuchstaben des Vornamens oder die Körpergröße der Kinder.

Hinweis: Achtung, nicht alle liegenden Baumstämme sind zum Balancieren geeignet! Sie sollten nicht feucht und nicht mit Moos bewachsen sein – Rutschgefahr. Auch ist es wichtig, dass die Stämme fest liegen, nicht rollen oder kippen können.

Walderlebnistour: Auf dem Seil

Alter: ab 4 Jahren
Mitspieler: für 12 Kinder
Spieldauer: ca. 10–30 Minuten
Material: zwei lange Kletterseile

Zur Vorbereitung werden Kletterseile zwischen mehreren Bäumen in zwei Höhen gespannt. Das untere Seil sollte ca. 50 cm über dem Boden gespannt sein und der Abstand zum oberen Seil ca. 1 m betragen, je nach Größe der Kinder. Hier muss beachtet werden, dass sich unter den Seilen keine Äste befinden, an denen die Kinder hängen bleiben könnten.

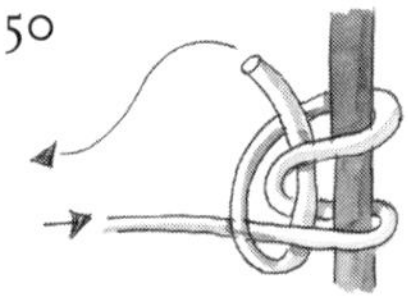

Damit das Seil dem Gewicht der Kinder standhalten kann, wird es gut festgebunden, z. B. mit einem Schifferknoten. Dieser Knoten hält sicher, ist leicht zu knüpfen und lässt sich wieder lösen.

Die Kinder stellen sich nun nacheinander im Abstand von ca. 1–2 Metern auf das untere Seil und halten sich am oberen fest. Vorsichtig bewegen sie sich seitwärts über das Kletterseil weiter. Sobald sie am Ende angekommen sind, können sie sich nach Bedarf erneut auf den Weg über das Seil machen.

Wenn Kinder sich an etwas herantrauen und mit dem eigenen Handeln ein Erfolgserlebnis verbinden können, spüren sie Glück – sie freuen sich und sind stolz auf sich selbst. Gerade ängstliche Kinder fühlen sich in der Gemeinschaft und durch die Hilfe der anderen ermutigt. Das Selbstbewusstsein des einzelnen Kindes wird gestärkt und die Gemeinschaft der Kinder gefestigt.

Walderlebnistour: Glückssteine zum Abschluss

Alter: ab 4 Jahren
Mitspieler: für 12 Kinder
Spieldauer: variabel
Material: Kartonschachtel, Moos, Halbedelsteine, Sprechstein

Die Spielleitung hat vorab eine kleine Schachtel mit Moos ausgelegt und dort Halbedelsteine oder andere besondere Steine als Glückssteine hineingelegt.

- Die Kinder stellen sich im großen Kreis auf und werden ganz still. Jedes Kind soll sich seine Gedanken machen, wie es die Erlebnistour empfunden hat.
- Der Reihe nach darf jedes Kind über seine Empfindungen berichten. Wie fühlt es sich nach der Erlebnistour? Ist es vielleicht stolz und glücklich darüber, dass es so viele Aufgaben bewältigt hat? Was hat ihm besonders gefallen?
- Danach schließen alle die Augen, atmen die frische Luft ein und hören auf die Waldgeräusche.
- Während die Kinder die Augen geschlossen halten, stellt die Spielleitung die Schachtel mit Glückssteinen in die Kreismitte.
- Die Kinder öffnen ihre Augen und betrachten die Schachtel. Die Spielleitung stellt mit den Kindern Vermutungen auf, was die Schachtel zu bedeuten hat.
- Dann öffnen die Kinder die Schachtel und jedes Kind erhält als Anerkennung für seinen Mut einen Glücksstein.

Tipps und Tricks: Die Spielleitung lässt einen „Sprechstein" im Kreis herumgeben, mit dessen Hilfe die Gesprächsrunde eingeleitet wird und die Kinder zum Sprechen motiviert werden. Die Spielleitung beginnt selbst, ihre Eindrücke zu schildern, und reicht dann den Stein an ein Kind weiter. Wer den Sprechstein in der Hand hält, hat das Wort, alle anderen hören zu.

Die Suche nach einem geheimnisvollen Schatz

Alter: ab 3 Jahren
Mitspieler: für 12 Kinder
Spieldauer: ca. 1 Stunde (je nach Aufgabenstellung und Wegstrecke)
Material: eine große Schatzkarte (großes Papier, Stifte), Schatzkiste mit Inhalt, Naturführer oder Naturkarten, lange Bretter, große Steine, Schaufeln

Vorab fertigt die Spielleitung eine große Schatzkarte an. Der Weg bis zum Ort, an dem der Schatz versteckt wurde, ist darauf eingezeichnet. Auf diesem Weg können mehrere Stationen oder markante Punkte – z. B. Bach, Wald, Wiese – liegen, an denen die Kinder verschiedene Aufgaben lösen müssen. Diese Anlaufstellen müssen den Kindern bekannt sein oder der Weg muss mit Richtungspfeilen (z. B. mit Steinen oder Stöckchen) markiert sein.

An der letzten Station hat die Spielleitung einen Schatz versteckt; vielleicht im Sandkasten, in dem die Kinder später mit Schaufeln nach dem Schatz graben können.

Die Spielleitung leitet die Schatzsuche ein und zeigt den Kindern die Schatzkarte. Gemeinsam macht sie sich mit den Kindern auf den Weg, um den geheimnisvollen Schatz zu entdecken. Sobald die Kinder an einen der Orte kommen, den die Schatzkarte anzeigt, wird angehalten und die Kinder machen sich gemeinsam ans Werk und lösen die Aufgabe, die die Spielleitung ihnen stellt.

Folgende Aufgaben können den Kindern gestellt werden:

- Aus verschiedenen Naturgegenständen (z. B. Rinde, Holzstücke, Steine) möglichst hohe Türme bauen.
- Das Alter eines gefällten Baumes anhand der Jahresringe bestimmen.
- Aus Naturmaterialen ein schönes Bild legen.
- Blätter von verschiedenen Bäumen sammeln und benennen (hierzu können Naturkarten oder Naturführer zuhilfe genommen werden).
- Gleiche Gegenstände finden wie den, den die Spielleitung den Kindern zeigt.

- Gegensätze suchen (z. B. der hellste und dunkelste Stein oder das kleinste und größte Blatt).
- Eine bestimmte Strecke so leise wie möglich zurücklegen.
- Durch eine hohe Wiese rückwärts laufen.
- Einen Graben überwinden (dabei geben sich die Kinder nach Bedarf untereinander Hilfestellung).
- Einen kleinen Bach mit trockenen Füßen überqueren (z. B. lange Bretter über den Bach legen und darüber laufen oder große Steine als Trittsteine im Bach platzieren).
- Enten füttern.

Am Ende des Wegs zeigt die Schatzkarte, wo die die Kinder gemeinsam den Schatz suchen müssen. Wenn sie ihn gefunden haben, teilen sie den Schatz (z. B. schöne Steine bzw. Halbedelsteine) unter sich auf.

Tipps und Tricks: Die Aufgaben sind so zu wählen, dass sie problemlos von der Gruppe durchzuführen sind. Es können ganz verschiedene Aufgaben ausgewählt oder eigene Ideen umgesetzt werden, die in der Umgebung möglich und mit der jeweiligen Kindergruppe umsetzbar sind.

Kinder lieben es, auf Schatzsuche zu gehen, denn das ist spannend und macht einfach Spaß. Nachdem die Spielleitung eine Schatzsuche initiiert und mit den Kindern durchgeführt hat, sollten die Kinder die Möglichkeit haben, selbstständig im Freigelände oder im Gruppenraum auf Schatzsuche zu gehen. Sie werden ihre eigenen Schatzkarten malen, sich selbst ausdenken, wo sie den Schatz verstecken können, und ihn von anderen suchen lassen. Sie entfalten eigene Ideen, übernehmen Führungsrollen und lassen sich auf die Ideen der anderen ein.

Ritterschatzsuche

Alter: ab 4 Jahren
Mitspieler: ca. 12 Kinder
Spieldauer: ca. 1–2 Stunden
Material: Schriftrolle, Schatzkarte, mehrere aufgerollte Aufgabenzettel in kleinen Tütchen, weiteres Material siehe Spielstationen

Diese Erlebnistour kann in einem Schlosspark oder einem anderen schönen Park durchgeführt werden. Wenn die Möglichkeit besteht, das Spiel auf einer Burgruine zu spielen, ist das natürlich am spannendsten und reizvollsten für die Kinder.

Die Spiele der Tour können in beliebiger Reihenfolge durchgeführt, je nach Anforderung abgewandelt und ausgelassen werden. Das Abschlussspiel hat jedoch seinen festen Platz am Ende der Erlebnistour.

Vorab bereitet die Spielleitung eine Schriftrolle mit einer Botschaft und einer angebrannten Schatzkarte vor. Auf die Schatzkarte wird die erste Station, z. B. Fallbrücke, Burgruine oder Schlosstor, gemalt.

Außerdem überträgt die Spielleitung den Einstieg zur Spielgeschichte und die Spielaufgaben auf Zettel. Vor Spielbeginn werden auf dem Spielgelände kleine Tütchen mit den zusammengerollten Aufgabenzetteln verteilt (z. B. gut sichtbar an einer Steinmauer, einem Brunnen, auf der Wiese, am Baum usw.).

Am Spielort angekommen, überreicht die Spielleitung den Kindern eine Schatzkarte und eine Schriftrolle mit der Spielgeschichte, die sie vorliest oder von einem Schulkind vorlesen lässt.

Liebe Kinder!
Vor vielen Jahren lebte einmal auf einer Burg ein sehr reicher Burgherr mit seiner Frau. Er besaß eine Menge kostbare Edelsteine, die ihm Glück brachten. Als der Burgherr allmählich älter wurde überlegte er lange, wem er seinen Reichtum vermachen solle. Da er keine Kinder hatte und nur von habgierigen Menschen umgeben war, die sich immer stritten und nur ihren eigenen Vorteil im Sinn hatten, beschloss er, die Edelsteine an einem geheimen Ort zu verstecken. Nur mutige und tapfere Ritter, die zusammenhalten und das Glück schätzen, sollten dafür bestimmt sein, den Schatz zu erlangen.

Das Einzige, was der Burgherr nach seinem Tod hinterließ, war eine Schatzkarte, die die erste Station seines verborgenen Schatzes preisgibt. Bis heute jedoch hat noch kein einziger Ritter den Schatz gefunden.

Haltet ihr jedoch zusammen, so könnt ihr den Ritterschatz erlangen. Ihr müsst viel Mut und Tapferkeit beweisen, euch an schwierige Aufgaben heranwagen und euch auf eine lange und schwierige Suche begeben.

Viel Glück auf eurer gemeinsamen Suche!

Nun geht die Spielleitung mit den Kindern auf gemeinsame Schatzsuche. Sie beginnt an dem Ort, den die Schatzkarte als erstes anzeigt. Wenn das dort deponierte Tütchen von den Kindern gefunden wurde, wird der Aufgabenzettel von der Spielleitung oder einem Schulkind vorgelesen. Gemeinsam führen die Kinder dann das Aufgabenspiel durch und gehen anschließend zur nächsten Station.

Die jeweils folgende Station kann auf dem Aufgabenzettel vermerkt oder durch Richtungspfeile mit Steinen oder Stöckchen, die vorab von der Spielleitung ausgelegt wurden, angezeigt sein.

Ritterschatzsuche: Rätsel an der Steinmauer

Alter: ab 4 Jahren
Mitspieler: 12 Kinder
Spieldauer: ca. 10–15 Minuten
Material: Aufgabenzettel, Schriftrolle mit einem Ritterrätsel, Stift

Vorab hat die Spielleitung den Aufgabenzettel gut sichtbar an der Steinmauer deponiert und die Schriftrolle mit dem Rätsel in einer Mauerritze versteckt.

Der Burgherr ließ vor vielen Jahren seine Ritterburg aus festen Steinen bauen, da sie ihm viel Schutz und Dauerhaftigkeit boten. Lauft nun an der Steinmauer entlang und schaut euch die Steine genau an. Haltet nach einer Schriftrolle Ausschau. Auf dieser befindet sich eine rätselhafte Aufgabe. Könnt ihr das Rätsel lösen, so führt es euch ein Stück weiter.

Die Ritterkinder laufen an der Steinmauer entlang und betrachten die Steine genau. Wie fühlen sie sich an – rau, glatt, uneben, kalt, rund, kantig?

An der Steinmauer finden sie die Schriftrolle mit dem Rätsel, das sie gemeinsam lösen.

Schriftrolle

1. Wo wohnten Ritter? *(BURG)*
2. Was wurde am Haupttor heruntergelassen, um Reitern und Wagen Einlass zu gewähren? *(ZUGBRÜCKE)*
3. Was wurde als Schutz um die Burg gebaut? *(MAUER)*
4. Aus was wurde eine Burg gebaut? *(STEINE)*
5. Was trug ein Ritter zum Schutz? *(RÜSTUNG)*
6. Welches Tier war für einen Ritter das Wichtigste? *(PFERD)*
7. Aus was besteht die Rüstung eines Ritters? *(EISEN)*

Lösungswort: Brunnen

Variation: Das Rätsel muss nicht unbedingt ein Lösungswort ergeben. Die Spielleitung kann den Kindern auch einfach nur diese bzw. andere Fragen stellen. Anschließend kann eine beliebige Spielstation folgen.

Ritterschatzsuche: Pferde tränken

Alter: ab 5 Jahren
Mitspieler: 12 Kinder
Spieldauer: ca. 5–10 Minuten
Material: Aufgabenzettel, eine oder zwei Wannen, Eimer
Für die Variation: zwei Eimer

Zur Vorbereitung stellt die Spielleitung an einem Brunnen oder Bach eine Wanne und einen Eimer bereit. Alternativ kann der Bach durch eine zweite Wanne ersetzt werden.

Pferde brauchen viel Wasser und müssen vor einem Ausritt getränkt werden. Früher bei den Rittern gab es noch kein fließendes Wasser aus der Leitung, sondern sie mussten es aus einem Brunnen oder Bach für die Tiere holen. Holt nun gemeinsam Wasser für die Pferde.

Die Ritterkinder stellen sich in einer Reihe zwischen Brunnen und Wanne auf. Der am Brunnen gefüllte Eimer wird nun von Kind zu Kind gereicht und dann vom letzten Kind in die Wanne geschüttet. Dieses läuft nun mit dem leeren Eimer so schnell es kann zum Brunnen, stellt sich vorne an die Reihe an – die anderen Kinder rücken nach –, schöpft erneut Wasser und reicht den Eimer weiter. Das Spiel endet, wenn die Wanne voll ist.

Variation: Mit älteren Kindern kann ein Wettspiel veranstaltet werden. Dazu werden die Kinder in zwei Gruppen aufgeteilt. Welche Gruppe hat am schnellsten die Wanne voll?

Das Thema Ritter sollte vor dem Erlebnisspiel mit den Kindern behandelt werden. Wie lebten die Menschen damals, auf was mussten sie verzichten und was war das Schöne am Ritterleben? Alle Kinder überlegen sich, was sie an dieser Zeit fasziniert und was sie gern als Ritter erleben würden.

Ritterschatzsuche: Pferdereiten

Alter:	ab 3 Jahren
Mitspieler:	12 Kinder
Spieldauer:	ca. 10–15 Minuten
Material:	Aufgabenzettel, lange Stöcke Für die Variation: mehrere Äste, evtl. große Steine oder kleine Stöcke

Zur Vorbereitung legt die Spielleitung auf einer Wiese lange Stöcke aus, die auch im Vorfeld gemeinsam mit den Kindern im Wald gesucht werden können.

Das wichtigste Tier für einen Ritter ist sein Pferd. Ein Ritter muss das Reiten gut beherrschen. Übt nun das Reiten auf dem Pferd.

Alle kleinen Ritter nehmen sich einen langen Stock und beginnen damit auf der Wiese umherzureiten.

Variation: Geübtere, ältere Ritterkinder springen über Hürden (mehrere aufeinanderliegende Äste) oder reiten im Slalom um große Steine oder ausgelegte Äste oder Stöcke.

Ritterschatzsuche: Kletterbaum

Alter:	ab 5 Jahren
Mitspieler:	12 Kinder
Spieldauer:	ca. 10–15 Minuten
Material:	Aufgabenzettel, Seil

Zur Vorbereitung wurde an einem unteren Ast eines klettergeeigneten Baums ein starkes Seil als Kletterhilfe befestigt.

Ritter schätzen die Natur sehr. Besonders lieben sie die Bäume, da sie groß und stark werden und für die Menschen sehr nützlich sind. Sie schenken den Menschen Früchte als Nahrung und Holz als Brenn- und Baumaterial. Ein Ritter muss das Hochklettern an Mauern und Türmen beherrschen. An Bäumen kann er das Klettern üben!

Zuerst betrachtet die Spielleitung mit den Kindern den Baum genau. Welche Blätter hat der Baum? Trägt er Früchte? Wie fühlt sich seine Rinde an? Leben Tiere im Baum? Ist er mit Pilzen oder Moos bewachsen?

Danach dürfen die Ritterkinder nacheinander auf den Baum klettern und vorsichtig wieder hinuntersteigen. Bäume hochzuklettern ist für die Kinder eine absolute Herausforderung. Die Kinder helfen sich gegenseitig bzw. werden von der Spielleitung unterstützt.

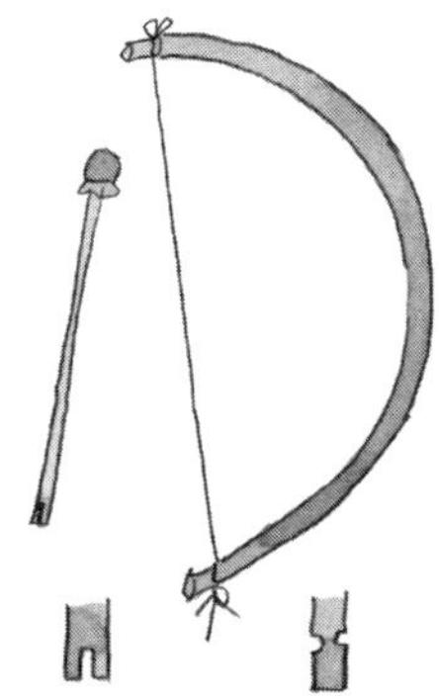

Ritterschatzsuche: Zielschießen

Alter: ab 8 Jahren
Mitspieler: 12 Kinder
Spieldauer: ca. 30–40 Minuten
Material: Aufgabenzettel, ca. 1m lange Haselnussruten, Taschenmesser, Schnüre, lange dünne gerade Haselnussruten, Stoffreste (ca. 10x10cm), Bindfaden, Bastelwatte, Steine

Zur Vorbereitung stellt die Spielleitung mit den Kindern Pfeile und Bogen aus Haselnussruten her. Für den Bogen werden beide Enden einer ca. 1 m langen stabilen Haselnussrute mit einem Taschenmesser eingekerbt. Ein Stück Schnur, die an den Einkerbungen festgeknotet wird, spannt den Bogen. Kürzere, dünne Haselnussruten als Pfeile werden am hinteren Ende eingekerbt. Die Pfeilspitze wird mit Bastelwatte gepolstert und mit einem Stoffrest umwickelt, der festgebunden wird.

Ritter verteidigen ihre Burg bei einem Angriff mit Pfeil und Bogen. Diese Schießart muss gut beherrscht und immer wieder geübt werden.

Auf einer großen Wiese üben die Kinder das Schießen mit Pfeil und Bogen: Der Pfeil wird mit der Kerbe in die Bogenschnur gelegt, der Bogen wird gespannt und schleudert den Pfeil in Richtung des Ziels, das mit Steinen auf dem Boden markiert wird.

Hinweis: Die Spielleitung prägt den Kindern ein paar wichtige Regeln ein: Mit Pfeil und Bogen darf niemals auf Personen oder Tieren gezielt werden! Abgeschossene Pfeile dürfen erst geholt werden, wenn alle mit dem Schießen fertig sind!

Ritterschatzsuche: Der Schatz des Burgherrn

Alter: ab 4 Jahren
Mitspieler: 12 Kinder
Spieldauer: ca. 10 Minuten
Material: Aufgabenzettel, Straßenmalkreide, Tütchen oder Schatztruhe mit Glückssteinen, Glückwunschbrief

Zur Vorbereitung malt die Spielleitung eine Drachenfußspur bis zum Schatzversteck mit Straßenmalkreide auf bzw. ritzt sie in die Erde. Hinter einem Gebüsch oder im Gestrüpp versteckt sie ein Tütchen oder eine Schatztruhe mit Glücksteinen und einem Glückwunschbrief.

Ihr seid nun fast am Ziel angekommen, doch die schwierigste und gefährlichste Aufgabe liegt noch vor euch: Ganz in der Nähe befindet sich ein gefährlicher feuerspuckender Drache, der den Schatz des verstorbenen Burgherrn bewacht. Er lässt nur diejenigen an den Schatz, die nicht aus Habgier kommen, sondern den Schatz als Glückssymbol sehen und ihn teilen wolllen. Der Drache schläft, seid sehr vorsichtig und summt dem Drachen ein schönes Schlaflied, das ihn ruhig schlafen lässt. Fasst euch alle an den Händen und ihr habt die Kraft und die Stärke, die ihr für diese Aufgabe braucht. Geht mit leisen Schritten und beginnt leise zu summen.

Die Kinder fassen sich an den Händen und summen dem Drachen ein Schlaflied. Ganz vorsichtig gehen sie die Drachenspur entlang bis zum Gestrüpp und suchen dort nach dem Schatz. Die Augen der Kinder werden strahlen, wenn sie den Schatz mit der Glückwunschbotschaft finden und die Glückssteine untereinander aufteilen.

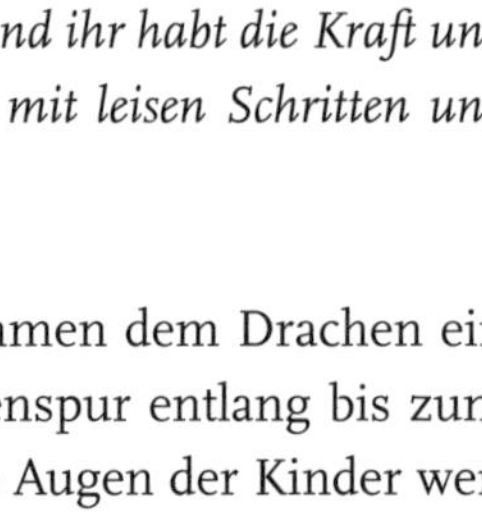

Glückwunschbrief:

Herzlichen Glückwunsch!
Ihr habt den Schatz des Burgherrn gefunden. Da ihr zusammengehalten habt, soll dieser Schatz euch gehören.
Der Glücksstein ist ein Zeichen für eure Gemeinschaft und soll euch Glück bringen, dass ihr immer Freunde habt, die euch helfen, mit euch spielen und für euch da sind.

Von Hexen und Waldfeen

Spielerisch die Natur kennenlernen

Naturerlebnisspiele führen die Kinder in die Natur, öffnen ihnen den Zugang zu natürlichen Wald- und Wiesen-Erlebnissen, schärfen ihre Sinne und regen ihre Fantasie an. Magische Elemente oder märchenhafte Themen machen die Naturspiele zu einem ganz besonderen Erlebnis für die Kinder.

Hexenschule

Alter: ab 3 Jahren
Mitspieler: für Klein- oder Großgruppen
Spieldauer: ca. 1–1½ Stunden
Material: Zweige, Äste, reißfeste Schnüre, Stoffreste, Schere und langes Band, altes Betttuch, Stoffmalfarben, große Blätter, lange Gräser, Packklebeband und Naturmaterialien, die zum Bedrucken geeignet sind, sowie weiteres Material bei den einzelnen Spielen

Die nachfolgend vorgestellten Spiele zum Thema „Hexenschule" können in beliebiger Reihenfolge und an mehreren Tagen durchgeführt werden.

Zur Vorbereitung stellt die Spielleitung mit den Kindern die Verkleidung und Ausrüstung für die Hexenspiele her.

Im Wald werden gemeinsam Zweige und Äste gesucht, die für die Hexenbesen benötigt werden. An das Ende eines Astes werden einige, ungefähr gleich lange Zweige gebunden, sodass ein kleiner Hexenbesen entsteht.

Die Herstellung ist etwas zeitaufwändig und die jüngeren Kinder benötigen Hilfestellung. Wichtig ist, dass eine reißfeste Schnur ganz stramm um den Ast gewickelt wird, damit die Zweige gut halten.

Dann geht es an die Hexenverkleidung. Ein Hexenrock entsteht, wenn die Kinder bunte Stoffreste in Streifen schneiden oder reißen und an ein langes Band knoten, das sie um sich wickeln. Eine Variante dazu ist, gemeinsam Zweige, große Blätter oder lange Gräser zu suchen. Diese kleben die Kinder dann an ein Stück Packklebeband (etwas länger als der Bauchumfang). Anschließend wird dieser bunte Naturmaterialgürtel als Hexenrock um den Bauch gebunden.

Aus einem alten Betttuch lassen sich Dreiecke als Hexenkopftücher schneiden. Diese können von den Kindern mit Stoffmalfarben bemalt oder bedruckt werden, so können z. B. Blätter oder Korken können angemalt und auf den Stoff gedruckt werden.

Hexenschule: Hexenflug

Alter: ab 3 Jahren
Mitspieler: für Klein- oder Großgruppen
Spieldauer: ca. 10–20 Minuten
Material: Hexenbesen, Hexenverkleidung

Für dieses Spiel wird viel Raum benötigt; eine Wiese oder ein großer lichter Platz im Wald eignen sich gut. Alle Kinder versammeln sich als Hexen mit ihren Hexenbesen und warten gespannt auf den Spielbeginn. Die Spielleitung begrüßt als Oberhexe die Kinder: *„Hallo ihr lieben Hexen, schön, dass ihr heute zur Hexenschule erschienen seid. Wir werden jetzt lernen, wie man auf dem Hexenbesen fliegt, ihn lenkt und damit Hindernisse überwindet."*

Gemeinsam spricht die Spielleitung mit den Kindern einen Hexenzauberspruch und der Flug kann losgehen: *„Schribbel, Schrabbel, Schrubbel, Schruh, du Hexenbesen flieg im nu. Hex, hex!"*

Zunächst „fliegen" die Kinder frei auf der Wiese mit ihren Besen. Nach einer Weile ernennt die Spielleitung ein Kind zur Oberhexe. Die Oberhexe gibt nun den Hexen Anweisungen, wie sie mit ihren Besen fliegen sollen, z. B. geradeaus, stehen bleiben, schneller, langsamer, rechts, links, vorwärts, rückwärts, seitwärts, auf Zehenspitzen, gebückt, usw.

Die Rolle der Oberhexe wird immer wieder gewechselt.

Variation: Schwieriger wird es, wenn die Kinder verschiedene Hindernisse überwinden müssen, z. B. über einen liegenden Baumstamm balancieren, über einen Graben springen, einen Berg hoch oder einen Abhang hinunter laufen. Voraussetzung dafür ist, dass die Kinder sich sicher mit ihren Besen bewegen können und die Bewegungsarten wie Springen und Balancieren beherrschen. Jüngere Kinder benötigen eventuell Hilfestellung.

Hexenschule: Hexenzaubertrank

Alter:	ab 3 Jahren
Mitspieler:	für Kleingruppen
Spieldauer:	ca. 15 Minuten
Material:	Hexenverkleidung, Dinge aus der Natur, alter großer Topf und kurze Stöcke

In der Hexenschule muss natürlich auch gelernt werden, wie ein Zaubertrank zubereitet wird.

Heute wollen wir einen Zaubertrank zubereiten. Hierfür benötigen wir einige Zutaten, die im Wald und auf der Wiese zu finden sind. Sucht gemeinsam die folgenden Dinge!

Die Hexenkinder bekommen die Aufgabe, nach bestimmten Dingen aus der Natur zu suchen, die für den Zaubertrank benötigt werden, z. B. Schneckenhäuser, Rindenstücke, Grashalme, Moos, Blumen usw.

Die Hexenkinder tragen die Sachen zusammen und überprüfen gemeinsam, ob alle Zutaten für den Zaubertrank vorhanden sind. Die Zutaten werden genau betrachtet und von den Kindern beschrieben. Wo genau waren sie zu finden? Welche Farbe, Oberfläche, Struktur oder Form haben sie? Wie unterscheiden sie sich?

Alle Zutaten kommen in einen großen alten Topf. Gemeinsam rühren die Hexen mit kurzen Stöcken den Hexenzaubertrank im Hexentopf.

Variation: Für Ältere Kinder kann man dieses Spiel anspruchsvoller gestalten, indem man sie nach schwierigeren Dingen suchen lässt, z. B. Löwenzahn, Kleeblätter, Hahnenfuß, Eichenblätter, Federn, usw.

Tipps und Tricks: Wichtig ist, im Vorfeld darauf zu achten, dass eine ausreichende Bandbreite von Naturgegenständen in der Nähe zu finden ist. Außerdem kann für kleinere Kinder ein Naturführer hilfreich sein, da nicht alle Kinder wissen, wie z. B. die Blume „Hahnenfuß“ aussieht.

Hexenschule: Naturgegenstände wegzaubern

Alter: ab 4 Jahren
Mitspieler: für Kleingruppen
Spieldauer: ca. 10 Minuten
Material: Hexenverkleidung, Gegenstände aus der Natur, Tablett

Bei diesem Spiel darf ein Naturgegenstand von einer Hexe weggezaubert werden.

Damit Hexen beim Zaubern keine Fehler machen, brauchen sie ein gutes Gedächtnis, um sich Zaubersprüche zu merken. Dieses wollen wir heute bei einem Zauberspiel schulen!

Die Hexenkinder legen 5–10 verschiedene Gegenstände, die sie zuvor in der Umgebung zusammengesucht haben, auf ein Tablett. Es sind alles Dinge aus der Natur, etwa eine Feder, ein Schneckenhaus, ein schöner Stein, ein Zapfen usw. Die Gegenstände werden von den Kindern genau betrachtet und beschrieben. Sie versuchen, sich die Dinge einzuprägen.

Ein Hexenkind schließt nun die Augen und ein anderes nimmt einen Gegenstand vom Tablett und versteckt ihn hinter dem Rücken. Dabei spricht es einen Zauberspruch: *„Hokus, pokus, fidibus, weg bist du im Nu, hex, hex!"*

Das Hexenkind öffnet nun wieder die Augen und muss erraten, welcher Naturgegenstand weggezaubert wurde. Die anderen Hexenkinder dürfen erst mit Hinweisen helfen, wenn die Ratehexe absolut nicht mehr weiter weiß. Danach werden die Rollen getauscht, bis alle Hexenkinder einmal mit Raten an der Reihe waren.

Variation: Beim Spiel mit älteren Kindern können auch mehrere Gegenstände gleichzeitig weggezaubert oder die Anzahl der Dinge auf dem Tablett langsam gesteigert werden.

Hexenschule: Verzauberspiel

Alter: ab 3 Jahren
Mitspieler: für Klein- oder Großgruppen
Spieldauer: ca. 10 Minuten
Material: Hexenverkleidung, Stock oder dünner Ast

Ein Hexenkind ist die Oberhexe und bekommt einen kleinen Stock oder einen Ast als Zauberstab. Mit Hilfe des Zauberstabs kann die Oberhexe die Hexenkinder in ein beliebiges Tier verwandeln, z. B. Maus, Hase, Schmetterling, Vogel, Katze, Hund, usw.

Alle Hexenkinder stehen ein Stück von der Oberhexe entfernt und rufen: *„Hexe, Hexe zeig uns, wie du zaubern kannst, und verwandle uns!"* Darauf antwortet die Oberhexe: *„Ich bin die große Hexe und verwandle euch in Hasen!"*

Nach dem Zauberspruch bewegen sich alle Hexen nach Wunsch der Oberhexe (in diesem Beispiel hüpfen die Kinder als Hasen umher).

Anschließend beurteilt die Oberhexe, welchem Hexenkind die Verwandlung am besten gelungen ist. Diesem überreicht sie den Zauberstab und das Spiel beginnt von vorn.

Hexenschule: Hexenzaubermalen

Alter: ab 5 Jahren
Mitspieler: für Kleingruppen
Spieldauer: ca. 15 Minuten
Material: Hexenverkleidung, Holzstöckchen

Bei diesem Spiel werden Bilder auf den Boden gezaubert. Die Spielleitung fordert die Kinder hierbei auf, genau zu schauen, was da zu erkennen ist.

Hexen benötigen gute Augen, um Dinge aus der Natur schnell erkennen zu können. Heute wollen wir eure Augen bei einem Spiel schulen.

Gemeinsam wird eine freie Stelle auf dem Boden gesucht, die mit Sand oder feinkrümeliger Erde bedeckt ist, in die man gut zeichnen kann. Mit einem kleinen Stöckchen als Zauberstab zeichnet nun ein Hexenkind nach dem anderen etwas auf den Boden, z. B. Blume, Pilz, Hase, Vogel, Schmetterling, usw. Die anderen Hexenkinder müssen erraten, was gezeichnet wird.

Die einzelnen Hexen-Spiele sollten mit den Kindern öfters gespielt werden. Dabei können sie abgewandelt bzw. es können Ideen der Kinder berücksichtigt werden. Durch Wiederholung festigen und erweitern sich die Fähigkeiten der Kinder, sei es in motorischer Hinsicht oder im Bereich der Fantasie- oder Wissensbildung.

Hexenschule: Hexen-Schulabschluss

Alter: ab 3 Jahren
Mitspieler: für Klein- oder Großgruppen
Spieldauer: ca. 5 Minuten
Material: ein bemaltes Holzstäbchen für jedes Kind

Die Hexenschule ist nun zu Ende. Zum Abschluss verabschiedet sich die Oberhexe von den Hexenkindern und überrecht ihnen als Zeichen der Anerkennung einen Zauberstab.

Liebe Hexen, die Hexenschule ist heute zu Ende. Ich bin begeistert von eurem Einsatz, Fleiß und euren Hexenfähigkeiten. Ihr habt bewiesen, dass ihr auf dem Weg seid, richtige Hexen zu werden. Macht weiter so!

Spaziergang mit der Waldfee

Alter: ab 4 Jahren
Mitspieler: für Klein- oder Großgruppen
Spieldauer: ca. 1–2 Stunden (je nach Wegstrecke und Aufgabenstellung)
Material: Handpuppe (Waldfee oder gebastelte Figur aus Naturmaterial), weiteres Material siehe Einzelspiele

Das Thema für diesen ganz besonderen Naturtag ist der Besuch einer Waldfee. Die Kinder sollen bei einem Spaziergang durch Wald und Wiese die Natur ganz bewusst wahrnehmen. Die vorgestellten Spiele können in beliebiger Reihenfolge durchgeführt oder auch einzeln gespielt werden.

Zum Einstieg lädt die Spielleitung die Kinder ein zu einem Spaziergang draußen in der Natur. Dabei bedient sie sich einer Handpuppe, z. B. einer Waldfee, durch die sie spricht und die auch die weiteren Spiele anleitet und die Kinder motiviert.

Hallo Kinder! Ich bin die kleine Waldfee. Ich möchte mit euch heute in die Natur gehen und euch auf die schönen Dinge in der Umgebung aufmerksam machen. Habt ihr Lust, mit mir einen Spaziergang zu machen und dabei ein paar Spiele zu spielen?

Waldfee: Naturgegenstände suchen

Alter: ab 3 Jahren
Mitspieler: für Klein- oder Großgruppen
Spieldauer: ca. 40 Minuten
Material: weißes Tuch
Für die Variation: Karton oder Schachtel, Buntstifte, Papierreste, getrocknete Blätter und Blüten, Klebstoff

Die Waldfee lädt die Kinder ein, nach kleinen Schätzen in der Umgebung zu suchen.

In der Natur gibt es wunderschöne Dinge, kleine Schätze, die wir sammeln wollen. Schaut nur, was für tolle Sachen es zu entdecken gibt!

Alle Kinder machen sich nun auf die Suche nach schönen Dingen in der Natur, die sie interessant finden, z. B. eine schöne Blume, ein schöner Stein, ein kleiner Fichtenzapfen, ein leeres Schneckenhaus usw. Die Kinder sollten dafür ausreichend Zeit haben.

Danach dürfen alle Kinder ihre kleinen Naturschätze den anderen zeigen und auf ein weißes Tuch legen. Gemeinsam werden die Sachen betrachtet und die Kinder beschreiben ihre Schätze: Was gefällt ihnen an ihrem Gegenstand, was finden sie besonders daran?

Variation 1: Die Kinder können auch gezielt Dinge nach ihren Eigenschaften suchen: etwas Rauhes, Glattes, Schweres, Leichtes, Rundes, Spitzes, Rotes, Gelbes etc.

Variation 2: Schuhkartons oder kleine Schachteln können mit den Kindern als Schatzkisten beliebig gestaltet werden. Sie können mit bunten Papierresten beklebt, mit Farbstiften fantasievoll bemalt oder mit getrockneten Blättern und Blüten gestaltet werden. Jedes Kind kann seine eigenen Schätze, die es immer wieder in der Natur findet, darin sammeln.

Kinder sehen in vielen kleinen Dingen, die für Erwachsene oft unscheinbar wirken, etwas Wertvolles. Sie lieben es, nach kleinen Schätzen zu suchen, und gerade in der Natur können die Kinder viele besondere Entdeckungen machen.

Waldfee: Die Farben der Natur

Alter: ab 3 Jahren
Mitspieler: für Klein- oder Großgruppen
Spieldauer: ca. 30 Minuten
Material: Stofftaschen, Stoffbänder in unterschiedlichen Farben, weißes Tuch

Die Waldfee macht die Kinder auf einen besonderen Aspekt aufmerksam.

Draußen gibt es viele wunderschöne Farben. Haltet die Augen offen, schaut euch um, welche Farben zu entdecken sind, und sammelt ein paar schöne farbige Dinge.

Die Kinder werden unzählig viele Gegenstände in unterschiedlichen Farben entdecken. Schon die ganz Kleinen freuen sich darauf, auf Entdeckungsreise zu gehen. Grün, Braun, Grau, Gelb, Orange, Rot, Blau, Lila – all diese Farben sind je nach Jahreszeit zu sehen. Besonders viele unterschiedliche Farben findet man auf einer Frühlingswiese.

Die Kinder werden in Kleingruppen eingeteilt (2–4 Kinder) und jede Gruppe sucht gezielt nach ein oder zwei Farben. Die Gruppen erhalten Stofftaschen mit auf ihre Entdeckungstour, an der als Hilfe Bänder in den gesuchten Farben befestigt werden. Besonders die jüngeren Kinder, die noch nicht alle Farben kennen, können die Naturgegenstände somit den Farben zuordnen.

Die Waldfee ruft die Kinder nach einer bestimmten Zeit von ihrer Sammeltour zurück.

Die Kinder legen ihre Entdeckungen farblich sortiert auf ein weißes Tuch. Dann werden die gesammelten Sachen gemeinsam betrachtet.

Variation: Die Kinder können mit den Naturgegenständen ein Mandala oder eine Bildkomposition gestalten.

Waldfee: Den richtigen Baum finden

Alter: ab 4 Jahren
Mitspieler: für Klein- oder Großgruppen
Spieldauer: ca. 30 Minuten
Material: verschiedene Blätter und Früchte von Bäumen

Dieses Spiel eignet sich am besten für die Herbstzeit, wenn die Bäume neben dem Laub auch Früchte tragen. Vorab sammelt die Spielleitung verschiedene Blätter und Früchte von unterschiedlichen Bäumen.

Heute wollen wir uns einmal die Bäume genauer ansehen. Jeder Baum ist etwas ganz Besonderes. Es gibt ganz unterschiedliche Bäume hier im Wald. Ich habe euch ein paar Baumblätter und Waldfrüchte mitgebracht. Schaut sie euch gut an.

Die Waldfee verteilt an die Kinder Blätter und Waldfrüchte, z. B. von Eichen, Kastanien, Buchen, Ahorn, Tannen. Die Kinder betrachten die Blätter und Früchte genau und nehmen Farbe, Form, Oberfläche usw. wahr. Sie tauschen sich untereinander aus. Vielleicht erkennen manche Kinder, von welchem Baum ein Blatt oder eine Frucht stammt.

Die Waldfee fordert dann die Kinder auf, den entsprechenden Baum zu suchen, z. B.: *„Sucht im Wald nach einem Eichenbaum, der Eicheln trägt, wie ihr sie auf eurer Hand liegen habt."*

Die Kinder laufen nun gemeinsam los und halten nach einem Eichenbaum Ausschau. Dieser wird genau betrachtet. Welche Blätter trägt er? Wie fühlt sich seine Rinde an? Danach folgt die nächste Aufgabe.

Variationen: Ältere Kinder können auch mithilfe eines Rindenstücks einen Baum suchen. Zusätzlich kann mit den Kindern erarbeitet werden, welche Tiere auf dem Baum leben und welchen Tieren er als Nahrungsquelle dient.

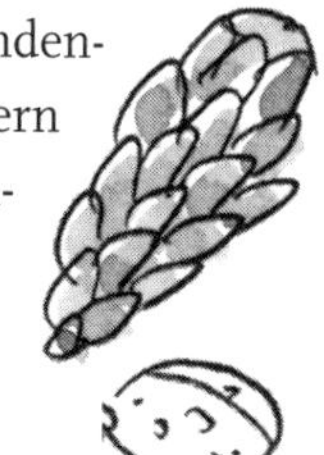

Waldfee: Das gehört nicht in die Natur

Alter: ab 4 Jahren
Mitspieler: für Klein- oder Großgruppen
Spieldauer: ca. 10 Minuten
Material: Müllbeutel und Einweghandschuhe

Die Waldfee spricht das Thema Müll an.

Es macht mich sehr traurig, dass manche Menschen ihren Müll einfach in Wald und Wiese fallen lassen. Die Tiere, Blumen und auch die Menschen brauchen eine saubere Umwelt, um gesund zu bleiben und sich wohlzufühlen.

Die Spielleitung hält mit den Kindern nach Dingen Ausschau, die nicht in die Natur gehören, z. B. Tüten, Dosen, Verpackungen usw. Sie bespricht mit den Kindern, welche Gefahr der Müll für die Tiere ist und wo er hingehört. Ältere Kinder können dann mit Einweghandschuhen herumliegenden Müll in Müllbeuteln einsammeln und in Mülleimern entsorgen.

Abschlusssrunde

Alter: ab 4 Jahren
Mitspieler: für Klein- oder Großgruppen
Spieldauer: ca. 5 Minuten

Der Spaziergang durch Wald und Wiese nimmt ein Ende. Jetzt verabschiedet sich die Waldfee von den Kindern.

Es hat mir sehr viel Spaß mit euch gemacht und ihr habt mich erstaunt, dass ihr so viel entdeckt habt. Ich werde den anderen Waldfeen von unserem tollen Spaziergang erzählen. Zuletzt habe ich noch eine Bitte an euch: Haltet Wald und Wiesen immer sauber und freut euch jeden Tag über die schöne Natur.

Naturerfahrung ist ganzheitliches Lernen. Kinder lernen in der Natur mit Kopf, Herz und Hand. Sie entwickeln ein Gefühl für sich selbst und ihre Verbindung zur Natur und Umwelt.

Indianerleben und wilder Dschungel

Erlebnisspiele drinnen

Nicht immer ist es möglich, mit den Kindern ins Freie zu gehen. Aber Erlebnisspiele lassen sich auch drinnen spielen. Mit Hilfe ihrer Fantasie gelingt es Kindern mühelos, in eine andere Welt einzutauchen, in unterschiedliche Rollen zu schlüpfen, Aufgaben und Abenteuer zu bestehen. Selbstständigkeit, Eigeninitiative und kooperatives Verhalten entwickeln sich und sind Grundlage für wachsendes Selbst- und Fremdverstehen.

Indianertour

Alter: ab 3 Jahren
Mitspieler: für 12 Kinder
Spieldauer: ca. 1–2 Stunden
Material: Brief vom Indianerhäuptling, Material siehe weitere Spiele

Das Thema „Indianer“ bietet viele Möglichkeiten für ein gemeinsames Erlebnisspiel. Für diese Spielaktion sollte eine Turnhalle oder ein anderer großer Raum mit einfachen Spielgeräten (Stühle, Bänke, Matten) zu einer abwechslungsreichen Spielfläche gestaltet werden.

Die vorgestellten Spiele der Indianertour können in beliebiger Reihenfolge gespielt oder einzelne Spiele können ausgelassen werden. Lediglich das Abschlusspiel hat seinen festen Platz am Ende der Tour.

Zum Einstieg zeigt die Spielleitung den Kindern einen Brief vom Indianerhäuptling, und liest ihn vor.

Hallo Mädchen, Hallo Jungs!
Jedes Jahr findet in unserem Indianerstamm ein ganz besonderes Indianerfest statt. Alle Indianerkinder, die wichtige Fähigkeiten erlernt haben, die die Indianer zum Leben benötigen, werden dabei gefeiert. Es ist eines der schönsten Indianerfeste, und bei diesem Fest bekommt jedes Indianerkind eine Indianerfeder als Auszeichnung für seine Fähigkeiten. Die Indianerkinder sind stolz auf ihre Fähigkeiten und ihre Tapferkeit.

Auch ihr habt heute die Möglichkeit, einen Tag als Indianerkinder zu verbringen. Wollt auch ihr Tapferkeit beweisen? Dann begebt euch in das Land der Indianer. Überwindet gefährliche Wege, macht euch auf die Suche nach lebenswichtigen Früchten, jagt Büffel, übt Zielwerfen, leises Anschleichen und Fische fangen! Viel Glück und Mut wünscht euch Indianerhäuptling Großer Bär!

Nun beginnt das große Abenteuer. Gemeinsam begeben sich die Kinder in das spannende Land der Indianer. Die Spielleitung leitet von einem Spiel zum anderen über und erzählt dabei aus dem Leben der Indianer.

Indianertour: Das Indianerland erkunden

Alter: ab 3 Jahren
Mitspieler: für 12 Kinder
Spieldauer: ca. 20 Minuten
Material: mehrere Stühle, Leintücher, ein oder zwei Langbänke, evtl. niedriger breiter Kasten, zwei Turnmatten, 3–6 Reifen

Vorab werden die Stationen mit den verschiedenen Materialien für das folgende Spiel aufgebaut. Dann leitet die Spielleitung zum Spiel über.

Heute wollen wir gemeinsam das Land der Indianer erkunden. Oft müssen sich Indianer in dunklen Höhlen bewegen oder gefährliche Holzbrücken überqueren. Indianer lernen von Klein auf schwimmen und tauchen. In den Indianergebieten gibt es sehr viele Berge und Felsen. Die ganz mutigen Indianer begeben sich oft mit ihren Pferden in eine felsige Gegend.

- **Höhle**
  Mehrere Stühle werden hintereinander aufgestellt und mit großen Leintüchern abgedunkelt. So entsteht eine geräumige Höhle, durch die die mutigen Indianerkinder eines nach dem anderen hindurchkriechen.

- **Gefährliche Holzbrücke**
  Auf einen niedrigen breiten Kasten oder eine Langbank wird eine zweite Langbank quer mit der breiten Seite nach unten gestellt. Ein Ende der oberen Langbank steht nun wie bei einer Wippe nach oben, das andere nach unten. Diese Wippbrücke muss mit Matten abgesichert werden. Schritt für Schritt balanciert jeweils ein Kind über die schmale Seite der Langbank. In der Mitte angelangt, wippt die Brücke nach unten und die andere Seite kann nun erreicht werden.

Hinweis: Kleinere Kinder und Kinder, die unsicher sind, werden von einem älteren Kind oder der Spielleitung an die Hand genommen.

- **See**
  Eine oder zwei Turnmatten werden zusammengerollt und jeweils in drei aufgestellte Reifen geschoben, sodass sie als Röhren zusammenhalten. Diese Mattentunnel stellen einen tiefen See dar, durch den die Indianerkinder tauchen (kriechen, krabbeln) sollen.

- **Felsen**
  Stühle werden als Felsen mit etwas Abstand zueinander aufgestellt. Die Indianerkinder steigen nun über die Felsen, indem sie die Sitzflächen überklettern. Um die Schwierigkeit zu erhöhen, können die Abstände zwischen den Stühlen erweitert oder die Stühle mit den Stuhllehnen zusammengestellt werden, sodass auch die Lehnen überklettert werden können.

Die Spielleitung hilft unsicheren Kindern und achtet darauf, dass die Stühle sicher stehen.

Tipps und Tricks: Die Bewegungsideen der Kinder sollten aufgegriffen werden, z. B. rückwärts oder seitwärts über die Felsen steigen.

Vielleicht haben die Kinder noch ganz andere Ideen, wie das Land der Indianer gestaltet werden kann. Je nach verfügbarem Material und mit genügend Platz lässt sich eine umfangreiche Erlebnislandschaft aufbauen.

Indianertour: Anschleichen

Alter: ab 5 Jahren
Mitspieler: für 12 Kinder
Spieldauer: ca. 5 Minuten
Material:

Um Beute zu fangen, müssen sich Indianer ganz leise anschleichen, damit sie nicht entdeckt werden und die Tiere davonlaufen. Eure Aufgabe ist es nun, euch ganz leise zu verhalten.

Die Gruppe wird aufgeteilt. Eine Gruppe legt sich als schlafende Tiere mit geschlossenen Augen ganz still auf den Boden. Die andere Gruppe sind die Indianer, die auf der gegenüberliegenden Seite des Raums stehen. Die Indianer verteilen sich und versuchen nun, sich von verschiedenen Seiten ganz leise an die Tiere heranzuschleichen und sie zu berühren. Die Kinder der Tiergruppe dürfen die Augen nur öffnen, wenn sie ein verräterisches Geräusch hören. Bemerkt ein Tier, dass sich ein Indianer anschleicht, weist es ihn mit einem Handzeichen zurück und der betreffende Indianer muss sich erneut heranschleichen. Das Spiel endet, wenn ein Indianer ein Tier berührt hat.

Anschließend werden die Gruppen gegeneinander ausgetauscht und das Spiel beginnt von neuem.

Variation: Kleinere Indianerkinder können auch einfach nur von einer Raumseite zur anderen schleichen.

Der Bewegungsdrang von vielen Kindern ist enorm; sie können die verschiedenen Stationen der Indianertour mehrmals durchlaufen, um sich richtig auszupowern. Durch die Wiederholungen werden außerdem Ausdauer, motorische Fähigkeiten und die Geschicklichkeit der Kinder gefördert.

Fische fangen

Alter: ab 3 Jahren
Mitspieler: für 12 Kinder
Spieldauer: ca. 10 Minuten
Material: kleine Hüpfbälle (ca. 10 Stück)

Eine wichtige Nahrungsquelle der Indianer sind Fische. Doch das Fischefangen ist nicht einfach. Fische sind sehr flink und schwimmen schnell davon. Ihr sollt nun versuchen, Fische zu fangen.

Der Raum stellt einen großen See dar. Mehrere kleine Hüpfbälle werden von der Spielleitung als flinke Fische in den Raum geworfen; sie müssen von den Kindern gefangen werden.
Die eingefangenen Hüpfbälle können erneut geworfen werden, um das Spiel zu verlängern.

Indianertour: Kokosnüsse pflücken

Alter: ab 4 Jahren
Mitspieler: für 12 Kinder
Spieldauer: ca. 5–10 Minuten
Material: Sprossenwand, Luftballons, Taue oder dicke Seile, Matten, Klebeband

Vorab wird eine Sprossenwand zum Baum umfunktioniert. Luftballons werden aufgeblasen und mit Klebeband als Früchte an den oberen Sprossen befestigt. Taue oder reißfeste Seile werden an den oberen Stangen der Sprossenwand mit einem sicheren Knoten (siehe S. 26) festgebunden. Die Sprossenwand muss mit Matten abgesichert werden.

Indianer machen sich oft auf die Suche nach schmackhaften Früchten, die sie hoch oben in Bäumen finden. Mithilfe eines Lassos oder Seils klettern sie am Baum hoch. Auch ihr benötigt vitaminreiche Nahrung, deshalb pflückt nun einige Früchte der Bäume.

Die Indianerkinder klettern nun nacheinander an den Seilen der Sprossenwand hoch und pflücken die „Früchte" vom Baum. Bei Bedarf gibt die Spielleitung Hilfestellung.

Indianertour: Büffel fangen

Alter: ab 4 Jahren
Mitspieler: für 12 Kinder
Spieldauer: ca. 10 Minuten
Material: große Matte, Glocke

Indianer gehen oft auf die Jagd nach Büffeln. Dabei müssen sie flink und geschickt sein. Beweist nun auch ihr Schnelligkeit bei der Büffeljagd.

Zwei Kinder sind Indianer und die anderen Kinder sind Büffel. Eine große Matte stellt das Indianerdorf dar.

Die Büffel bewegen sich frei im Raum und die zwei Indianer warten im Indianerdorf (Matte). Auf ein Glockenzeichen laufen sie los und müssen versuchen, die Büffel einzufangen. Sobald ein Büffel berührt wird, muss er ins Indianerdorf; er setzt sich auf die Matte.

Die Indianer dürfen nur bis zum Sonnenuntergang auf Büffeljagd gehen. Sobald ein weiteres Signal von der Spielleitung (Glockenzeichen) gegeben wird, müssen die Indianer zurück ins Indianerdorf und dürfen keine Büffel mehr fangen. Sie legen sich auf der Matte schlafen und warten, bis die Spielleitung mit dem Glockenzeichen den nächsten Tag ankündigt. Wieder begeben sich die Indianer auf Büffeljagd. Das Spiel endet, wenn alle Büffel gefangen sind.

Variation: Um das Spiel für ältere Kinder spannender zu machen, können die Büffel aus dem Indianerdorf befreit werden. Dazu müssen die freien Büffel die gefangenen an den Händen von der Matte ziehen. Aber Vorsicht, die Indianer sind schnell und die Befreier riskieren, selbst gefangen zu werden.

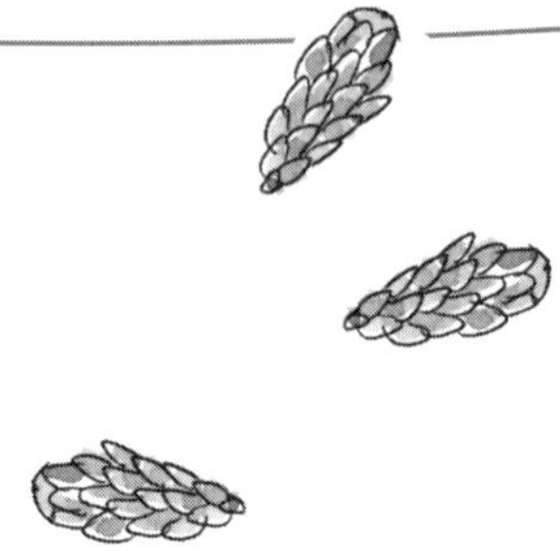

Indianertour: Zielwerfen

Alter: ab 3 Jahren
Mitspieler: für 12 Kinder
Spieldauer: ca. 10 Minuten
Material: mehrere Eimer, Zapfen oder Kastanien, Seil

Indianer müssen beim Bogenschießen Zielgenauigkeit gelernt haben, um ihre Beute zu treffen. Damit sie diese Fähigkeit erlangen, üben sie schon als Kinder Zielwerfen mit ungefährlichen Wurfgegenständen. Auch ihr spielt heute ein beliebtes Spiel der Indianerkinder.

Mehrere Eimer werden in unterschiedlichen Abständen nebeneinander aufgestellt. Ein Seil kann als Abwurfmarkierung auf den Boden gelegt werden. Von hier aus versuchen die Kinder, Zapfen oder Kastanien in den Eimer zu werfen. Welchem Indianerkind gelingt es, mit möglichst vielen Zapfen oder Kastanien in die Eimer zu treffen?

Indianertour: Abschluss

Alter: ab 3 Jahren
Mitspieler: für 12 Kinder
Spieldauer: ca. 20–30 Minuten
Material: Federn, Wellpappestreifen, Buntstifte, Klammern oder Klebstoff, CD-Player und Indianertanzmusik, Reifen mit gelben und roten Tüchern

Als Anerkennung verteilt die Spielleitung nach den Spielen Federn an die Indianerkinder und hebt die Leistungen der Kinder hervor: *„Super, ihr habt bei allen Aufgaben Tapferkeit und Mut bewiesen. Ab heute seid ihr richtige Indianer."*

Die Spielleitung verteilt Wellpappestreifen und die Kinder stellen Indianerstirnbänder her. Dazu werden die Streifen von den Kindern beliebig bemalt. In die Wellöffnungen der Streifen werden die Federn gesteckt. Anschließend werden die Papierstreifen zu Bändern zusammengeklebt oder mit Klammern fixiert.

Den Abschluss der Indianertour bildet ein Freudentanz. Dazu wird ein Reifen mit gelben und roten Tüchern als Lagerfeuer in die Mitte des Raums gelegt. Zu Indianertanzmusik tanzen die Indianerkinder um das Lagerfeuer. Sie können um den Reifen hüpfen, springen oder sich an den Händen fassen und gemeinsam um das Lagerfeuer tanzen.

Die hier vorgestellten Indianerspiele lassen sich auch draußen spielen. Mit älteren Kindern kann das Thema „Indianer“ gezielt aufgegriffen und zu einem Projekt ausgebaut werden.

Mögliche Aktionen für ein Projekt:

- Indianerzelte aus Ästen bauen, mit Leintüchern behängen und darin übernachten.
- Ein Lagerfeuer machen und Stockbrot backen oder Würstchen auf Stöcken grillen.
- Trommeln basteln (Waschmitteltrommeln mit Leder bespannen) und wie die Indianer trommeln (verschiedene Rhythmen und Namen trommeln oder Lieder begleiten).
- Indianerschmuck herstellen (Kastanien oder Eicheln bemalen, durchbohren und als Indianerkette auffädeln. Federn an einem Band befestigen).

Elefantensuche im Dschungel

Alter: ab 3 Jahren
Mitspieler: für 12 Kinder
Spieldauer: ca. 1 Stunde
Material: Flaschenpost mit Brief, sowie weiteres Material für die einzelnen Spiele

Bei diesem Spielparcours müssen die Kinder durch den gefährlichen Dschungel, um einen kleinen Elefanten zu retten. Vorab wird eine Turnhalle oder ein anderer geeigneter Raum mit einfachen Spielgeräten (Stühle, Kisten, Bänke, Matten) zum Dschungel umgestaltet. Auch eine Flaschenpost mit einem Brief vom kleinen Elefanten wird vorbereitet.

Die vorgestellten Spiele der Spielaktion können in beliebiger Reihenfolge gespielt oder einzelne Spiele können ausgelassen werden. Lediglich das Abschlussspiel hat seinen festen Platz am Ende der Spieleserie.

Die Spielleitung zeigt den Kindern die Flaschenpost mit dem Brief vom kleinen Elefanten. Voller Spannung hören die Kinder zu, was in dem Brief steht.

Hallo Flaschenpostfinder!
Bitte rettet mich! Ich bin in großer Not! Ich kleiner Elefant bin auf dem Heimweg gefangen worden. Die Menschen wollen mich weit weg von meinem Zuhause bringen. Ihr müsst mir unbedingt helfen, weil ich sonst nie mehr mit meinen Eltern und Geschwistern spielen kann. Ich habe so sehr Heimweh und bin so traurig.

Bitte, bitte befreit mich!!! Seid ihr mutig und tapfer, dann könnt ihr mich befreien. Ihr müsst durch den großen gefährlichen Dschungel. Gebt gut Acht, der Weg ist sehr gefährlich!
Euer kleiner Elefant

Nun beginnt die große Suche. Die Spielleitung macht sich mit den Kindern auf den Weg durch den Dschungel. Sie erklärt, was bei jedem Spiel zu tun ist, und leitet von einem Spiel zum nächsten über.

Elefantensuche: Der Weg durch den Dschungel

Alter: ab 3 Jahren
Mitspieler: für 12 Kinder
Spieldauer: ca. 20 Minuten
Material: Röhre, Decken, Stühle, Langbank oder langes Brett, Turnkasten, Weichbodenmatte, Turnmatte, Tische, Schnüre und Tücher

Um den Elefanten zu befreien, müssen wir durch den Dschungel. Unser Weg führt uns durch eine dunkle Höhle, über eine gefährliche Dschungelbrücke, an einem Sumpf vorbei und durch den dichten Urwald.

- **Dschungelhöhle**
  Eine Röhre oder eine Stuhlreihe, die mit Decken abgedeckt ist, kann als Höhle dienen. Die Kinder kriechen oder krabbeln hintereinander durch die dunkle Höhle.

- **Dschungelbrücke**
  Eine umgedrehte Langbank oder ein langes Brett, das auf mehreren Stühlen liegt, stellt die Brücke dar. Vorsichtig überqueren die Kinder nacheinander die Brücke.

- **Sumpf**
  Zwischen einem Kasten und einer Weichbodenmatte wird eine Turnmatte als Sumpf ausgelegt. Die Breite des Sumpfs beträgt ca. 50–100 cm. Die Kinder springen über den Sumpf, indem sie auf den Kasten steigen und über die Turnmatte auf die Weichbodenmatte springen. Je nach Alter der Kinder kann der Abstand variiert werden.

- **Dichter Urwald**
  Zwei Tischreihen werden parallel im Abstand von ca. 50–80 cm aufgestellt. Mehrere Schnüre werden als Hindernis zwischen die Tische gespannt und mit vielen Tüchern als Pflanzen behängt. Gemeinsam kämpfen sich die Kinder durch den dichten Urwald, indem sie sich durch die Schnüre schlängeln, darüber steigen oder untendurch kriechen.

Elefantensuche: Krokodilfluss

Alter: ab 3 Jahren
Mitspieler: für 12 Kinder
Spieldauer: ca. 5–10 Minuten
Material: Seile, große Steine, kleine Holzkisten, evtl. Plastikfische und Krokodile aus Tonkarton

Mit Seilen werden die Ufer eines Flusses auf dem Boden markiert. In den Fluss werden große Steine und kleine umgedrehte Holzkisten als Trittsteine in Schrittweite voneinander entfernt ausgelegt. Plastikfische oder Krokodile (z. B. aus Tonkarton) machen die Szene noch realistischer.

Um weiterzukommen, müssen wir durch einen gefährlichen Fluss. Steine, die aus dem Wasser herausragen, ermöglichen es uns, den Fluss zu überqueren. Doch im Fluss lauern gefährliche Krokodile. Also passt auf und tretet nicht neben die Steine!

Die Kinder gehen nun von Stein zu Stein über den Fluss und dürfen dabei nicht daneben treten. Der Abstand der Steine kann variiert werden.

Elefantensuche: Auf Gefahren reagieren

Alter: ab 3 Jahren
Mitspieler: für 12 KInder
Spieldauer: ca. 10 Minuten
Material: Trommel, Langbank, Sprossenwand, Matten, Decken oder Tücher

Im Dschungel sind wir ständig Gefahren ausgesetzt, deshalb müssen wir schnell reagieren können. Damit uns nicht z. B. ein Tiger fangen kann, müssen wir schnell auf einen Baum klettern. Ganz still müssen wir stehen, damit uns eine Schlange nicht angreift. Um von einem starken Wind nicht fortgeweht zu werden, müssen wir uns schnell auf den Boden legen, und bei starkem Dschungelregen müssen wir ein großes Blatt als Schutzdach finden.

Die Kinder laufen, hüpfen oder gehen durch den Raum und reagieren sofort bei einem Signal, das die Spielleitung ruft. Das Tempo wird mit einer Trommel vorgegeben.

- ***Tiger:*** Alle Kinder stellen sich auf die Langbank oder klettern an der mit Matten gesicherten Sprossenwand hoch.
- ***Schlange:*** Alle erstarren auf der Stelle.
- ***Starker Wind:*** Alle legen sich schnell auf den Boden.
- ***Regen:*** Alle schlüpfen unter Decken oder Tücher.

Elefantensuche: Dschungelbäume

Alter: ab 4 Jahren
Mitspieler: für 12 Kinder
Spieldauer: ca. 10 Minuten
Material: Sprossenwand, Matten, mehrere bunte Tücher, Plüschpapagei

Eine mit Matten gesicherte Sprossenwand dient als Baum. An den oberen Sprossen werden bunte Tücher als Früchte aufgehängt. Außerdem versteckt die Spielleitung einen Plüschpapagei im Raum.

Nun sind wir schon sehr weit gelaufen, ihr habt euch tapfer geschlagen. Vielleicht kann uns ein Papagei weiterhelfen und uns verraten, wie wir zum Versteck des Elefanten gelangen. Seht, auf den Bäumen hängen kostbare Früchte. Papageien lieben sie. Pflückt die Früchte vom Baum und haltet anschließend nach dem Papagei Ausschau. Schenkt ihm die leckeren Früchte und er wird euch als Dank weiterhelfen.

Die Aufgabe der Kinder ist nun, auf die Sprossenwand zu klettern und Früchte herunterzuholen. Anschließend halten die Kinder nach dem Papagei Ausschau. Wenn sie ihn entdeckt haben, spricht er durch die Spielleitung mit den Kindern. Er freut sich, dass sie dem kleinen Elefanten helfen möchten, und gibt den Hinweis, dass sie bald die Fußspuren des kleinen Elefanten entdecken werden, denen sie folgen müssen, um ihn zu finden.

Elefantensuche: Auf die Bäume!

Alter: Ab 3 Jahren
Mitspieler: für 12 Kinder
Spieldauer: ca. 10 Minuten
Material: Stühle, CD-Player, CD mit Dschungel- oder Tanzmusik

Nun müsst ihr Mut und Schnelligkeit beweisen. Als Tiere im Dschungel tanzt ihr nun um die Bäume und freut euch darüber, dass der Tiger schläft. Doch wenn der Tiger aus seinem Schlaf erwacht und kommt, müsst ihr euch schnell auf einen Baum retten.

Mitten im Raum werden dicht aneinander Stühle als Bäume im Kreis aufgestellt – und zwar ein Stuhl weniger als Mitspieler. Sobald die Musik ertönt, müssen sich die Kinder im Kreis um die Stühle bewegen. Plötzlich stoppt die Musik und die Spielleitung ruft: *„Achtung, Tiger!"* Jetzt müssen sich alle Kinder schnell auf einen Baum retten, indem sie sich auf einen freien Stuhl setzen. Das Kind, das keinen Stuhl erwischt hat, muss eine Runde aussetzen.

Elefantensuche: Rettung des kleinen Elefanten

Alter: ab 3 Jahren
Mitspieler: für 12 Kinder
Spieldauer: ca. 5 Minuten
Material: Tonkartonkreise, Plüschelefant und Kiste

Vorab hat die Spielleitung einen kleinen Plüschelefanten in einer Kiste gut versteckt. Während die Kinder mit dem letzten Spiel beschäftigt sind, legt sie Tonkartonkreise als Elefantenfußspuren aus, die in die unmittelbare Nähe des Verstecks führen.

Nach dem letzten Spiel folgen die Kinder den Elefantenfußspuren, schleichen sich ganz leise zum Versteck des Elefanten und befreien ihn aus der Kiste. Der Elefant bedankt sich bei jedem einzelnen Kind für seine Tapferkeit und Hilfe. Die Kinder haben eine riesige Freude, wenn sie den Elefanten mit in den Gruppenraum nehmen dürfen – er wird von ihnen liebevoll umsorgt und verwöhnt.

Alle Sinne hellwach

Die Natur sinnlich wahrnehmen

Wahrnehmungserfahrungen haben eine entscheidende Bedeutung für die Entwicklung der Intelligenz und der Persönlichkeit eines Kindes. Kinder sammeln ihre Erfahrungen mit dem ganzen Körper. Über die Sinne erfahren sie alles über ihre Umgebung und sie ermöglichen ihnen, sich zurechzufinden. Die folgenden Spiele regen dazu an, die Natur gezielt wahrzunehmen und ermöglichen so ein ganzheitliches Erleben.

Naturgegenstände wahrnehmen

Alter: ab 3 Jahren
Mitspieler: für Klein- oder Großgruppen
Spieldauer: ca. 40–60 Minuten
Material: Dinge aus der Natur, mehrere große Schuhkartons
Für die Variation: große Spanplatte (ca. 1 m x 80 cm), Leim

Bei diesem Spiel sammelt die Spielleitung gemeinsam mit den Kindern in großen Schuhkartons die unterschiedlichsten Materialien, die draußen zu finden sind. So kann z. B. jeweils ein Schuhkarton mit Steinen, Tannennadeln, Rinde, Moos, Gras, Stöckchen, Erde, Sand, Zapfen, Kastanien und Blättern gefüllt werden.

Dann widmen sich die Kinder intensiv dem Inhalt der Kartons.

- Sie betrachten, fühlen und vergleichen: Welche Dinge sind hart, weich, rund, kantig, kalt, warm, leicht, schwer, glatt, rau ...
- Sie horchen: Welche Geräusche kann man mit den Gegenständen erzeugen – knistern, rascheln, klopfen, hell, dunkel, laut, leise ...
- Sie riechen: Welchen Geruch verströmen die Gegenstände, riechen sie frisch, modrig, intensiv, angenehm, süßlich ...

Für einen Barfußparcours werden unterschiedlich gefüllte Kartons hintereinander auf den Boden gestellt. Die Kinder gehen nun barfuß von Karton zu Karton und nehmen die unterschiedlichsten Materialien wahr. Wer kann das Gefühl beschreiben?

Ältere Kinder können dabei die Augen schließen und erraten, auf was sie gerade treten.

Variation: Mit dem Material kann eine Fühlwand bestückt werden. Auf einer großen Spanplatte werden dazu geeignete Naturgegenstände (z. B. Eicheln, Rinde, Stöcke) mit Leim aufgeklebt. Die Fühlwand wird für alle erreichbar aufgestellt oder angeschraubt. Jetzt können die Naturgegenstände immer wieder aufs Neue erfühlt und verglichen werden.

Gemeinsames Naturmandala

Alter: ab 5 Jahren
Mitspieler: für Kleingruppen
Spieldauer: ca. 30 Minuten
Material: verschiedene Naturmaterialien

Bei einem Wald- oder Naturtag können die Kinder die Farben der Natur entdecken und sammeln. Gemeinsam werden verschiedene Gräser, Blumen, Blätter, Rinde, Steinchen, leere Schneckenhäuschen, kleine Stöckchen, Zapfen und Moos gesammelt.

Auf einem lichten Platz ritzt die Spielleitung oder ein älteres Kind ein Mandala in den weichen Boden, z. B. einen großen Kreis, eine Sonne, eine Blume oder etwas Ähnliches. Die gesammelten Naturmaterialien werden gemeinsam nach Farben sortiert und die Kinder legen das Mandala mit den Gegenständen aus. Das Ergebnis wird die Kinder begeistern und vielleicht ist es ja noch zu sehen, wenn die Kinder ein andermal an den Ort kommen.

Regenerlebnis

Alter: ab 3 Jahren
Mitspieler: für Klein- oder Großgruppen (zwei Erwachsene)
Spieldauer: ca. 15 Minuten
Material: durchsichtige große Plane, Regenkleidung

An einem Regentag wird unter freiem Himmel eine große durchsichtige Plane von zwei Erwachsenen gehalten. Unter der Plane versammeln sich alle Kinder, auch die Erwachsenen stehen darunter. Die Kinder sind total begeistert, wenn der Regen über ihren Köpfen plätschert. Sie beobachten und hören die Regentropfen ganz genau.

> Ungewöhnliche Sinneserlebnisse erweitern den Erfahrungsschatz der Kinder, regen ihre Fantasie an und wirken stimulierend auf die Intelligenzentwicklung.

Walddetektive

Alter: ab 4 Jahren
Mitspieler: für Klein- oder Großgruppen
Spieldauer: ca. 20 Minuten
Material: Gegenstände, die nicht in die Natur gehören

Die Kinder werden in zwei Gruppen aufgeteilt. Eine Gruppe platziert in einem bestimmten Waldstück verschiedene Gegenstände, die nicht in den Wald gehören, z. B. Taschentuch, Metalllöffel, Dose usw. Die andere Gruppe sind die Walddetektive. Die Kinder dieser Gruppe müssen die Gegenstände anschließend suchen.

Hinweis: Alle Gegenstände müssen wieder mit nach Hause genommen werden.

Variation: Für Kinder ab 8 Jahren kann das Spiel erschwert werden, indem etwas im Wald mit Naturgegenständen verändert wird, z. B. eine Handvoll Buchenblätter wird unter eine Tanne gelegt, ein Zapfen auf einen Eichenzweig, eine Kartoffel auf den Waldboden, eine Blume auf einen Baum usw.

Führen und folgen

Alter: ab 4 Jahren
Mitspieler: für Kleingruppen (Zweiergruppen)
Spieldauer: ca. 5 Minuten
Material: Augenbinden
Für die Variation: Seile für jede Kleingruppe

Jeweils zwei Kinder finden sich zu einem Spielerpaar zusammen. Einem Kind werden die Augen verbunden und das andere Kind führt das „blinde“ Kind sicher um die Bäume herum. Das führende Kind läuft langsam, sodass der Geführte Zeit und Gelegenheit hat, den Boden und die Umgebung bewusst zu spüren. Während des Laufens nehmen die Kinder vor allem Geräusche und die Veränderungen des Untergrundes wahr, aber auch Gerüche werden für sie deutlicher. Danach werden die Rollen getauscht.

Im Anschluss an die Aktivität sollte Gelegenheit gegeben werden, sich über das Erlebte auszutauschen.

Variation: Zwei bis drei Kinder halten sich hintereinander an einem Seil fest. Dann werden sie mit verbundenen Augen und ohne zu sprechen von der Spielleitung oder von einem älteren Kind mitten durch den Wald geführt.

Vor allem kleinere Kinder können Angst bekommen, wenn ihnen die Augen verbunden werden. Der damit einhergehende Kontrollverlust verunsichert sie stark. Statt sich mit verbundenen Augen führen zu lassen, können diese Kinder auch einfach die Augen schließen. Alternativ können sich die Kinder im Kreis aufstellen, sich an den Händen halten, die Augen schließen und horchen und schnuppern, wie der Wald sich anhört und wie er riecht.

Baumtelefon

Alter: ab 4 Jahren
Mitspieler: ab 2 Kindern (Zweiergruppen)
Spieldauer: ca. 10 Minuten
Material: liegender Baumstamm

Holz leitet die leisesten Geräusche und Klänge. Deshalb kann ein liegender Baumstamm als Baumtelefon dienen. Jeweils zwei Kinder stellen sich an die beiden Enden eines liegenden Baumstamms. Ein Kind kratzt oder klopft an einem Stammende, das andere legt ein Ohr an das andere Ende des Baumstamms und hört selbst leise Signale verblüffend deutlich. Die Kinder „telefonieren“ auf diese Weise hin und her.

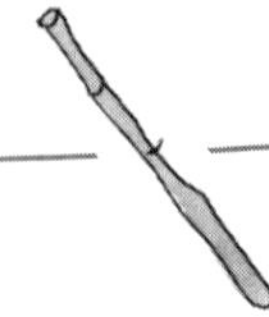

Klänge und Geräusche der Natur

Alter: ab 5 Jahren
Mitspieler: für Klein- oder Großgruppen
Spieldauer: ca. 20–30 Minuten
Material: Steine, Stöcke, Äste, Rinde, Zweige, Blätter, Kastanien, Nüsse, Bast oder fester Faden

Draußen in der Natur gibt es viele Dinge, mit denen die Kinder Musik machen können. Bei einem gemeinsamen Spaziergang sammeln die Kinder die unterschiedlichsten Materialien, die sich zum Musikmachen eignen.

Dann wird ausprobiert, wie die Gegenstände zum Musizieren eingesetzt werden können.

- Steine, Kastanien, Nüsse oder Äste lassen sich aneinander schlagen.
- Über ein Stück Rinde kann mit einem Ast oder einem anderen festen Gegenstand gefahren werden.
- Mit trockenen Blättern kann man wunderbar rascheln.
- Holz klingt besonders schön. Die Kinder können nach unterschiedlichen Hölzern suchen – kurze und lange Stücke, festes, morsches und ausgehöhltes Holz, feuchtes und trockenes Holz – und diese aneinander schlagen und die Töne vergleichen. Manche klingen hell, dumpf, leise, laut usw.

Verschiedene Rhythmen spielen

Verschiedene Rhythmen können mit harten Materialien, z. B. Stöcken und Steinen, geschlagen werden. Ein paar Kinder überlegen sich verschiedene Rhythmen, spielen diese der Gruppe vor und die anderen spielen mit.

Durch das experiementelle Spielen entwickelt sich schnell ein Gefühl für verschiedene Rhythmen. Die Kinder können ganz unterschiedliche Spielweisen erfinden, die sich in ihrem Klang, ihrem Tempo und ihrer Lautstärke unterscheiden.

Namen nach Silben spielen

Kinder lieben es, ihre Namen zu trommeln oder zu klopfen. Kinder ab 4 Jahre können gemeinsam die jeweiligen Vornamen voneinander nach Silben spielen, z. B. To-bi-as, Se-li-na, Li-sa usw.

Genaues Hinhören

Ein Kind macht hinter dem Rücken der anderen mit Naturmaterialien ein Geräusch (z. B. zwei Steine aneinanderschlagen) und alle müssen erraten, von welchem Material das Geräusch kommt.

Holzklangspiel

Mehrere Stöcke und Hölzer werden mithilfe von Schnüren untereinander aufgehängt. So entsteht ein Holzklangspiel, auf dem die Kinder wunderbar musizieren können, indem sie die aufgehängten Hölzer mit einem Stock anschlagen.

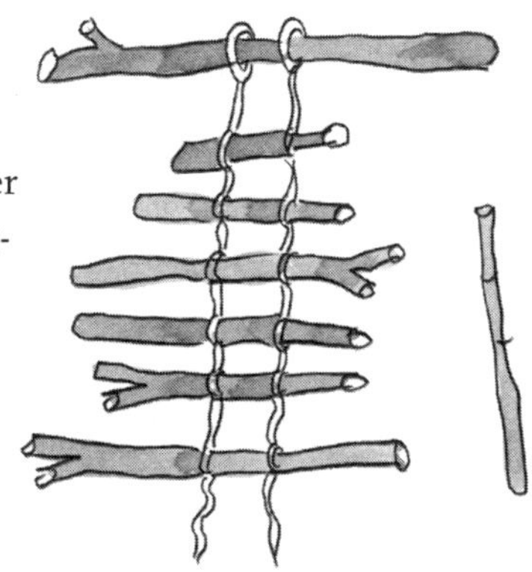

Den Kindern sollte ausreichend Zeit gegeben werden, selbst nach Ideen für Klangmaterial zu suchen. Es ist erstaunlich, wie einfallsreich Kinder sind und welche Gegenstände sie zum Musizieren finden. Dabei werden sie schöpferisch tätig und sie lernen, ihre Ideen anderen Kindern zu präsentieren und die Ideen anderer anzunehmen.

Klanggeschichten

Alter: ab 3 Jahren
Mitspieler: für Klein- oder Großgruppen
Spieldauer: ca. 20 Minuten
Material: verschiedene Klangmaterialien aus der Natur

Mit unterschiedlichen tönenden Materialien aus der Natur werden mit den Kindern Klanggeschichten begleitet. Die folgenden Beispielen enthalten Vorschläge für die klangliche Begleitung, aber bestimmt haben die Kinder eigene Ideen, wie eine Geschichte verklanglicht werden kann und welche Naturgegenstände dazu eingesetzt werden können.

Der Herbst

Es ist Herbst.	Pusten
Der Wind bläst leicht und die Blätter fallen von den Bäumen.	
Die Tiere im Wald bereiten sich auf den Winter vor.	Zweige rascheln
Ein Eichhörnchen hüpft von Ast zu Ast. Hüpf, hüpf, hüpf, viele Nüsse sammelt es, denn der Winter, der ist lang.	Stöckchen aneinander klopfen
Der Specht klopft fleißig an die Baumrinde. Klopf, klopf, klopf, rasch entsteht ein Loch.	Steine aneinander klopfen
Die Igel bauen sich aus Blättern ein Haus. Raschel, raschel, raschel, es soll vor Kälte schützen.	Blätter rascheln
Eine kleine Waldmaus sucht nach Eicheln. Piep, piep, piep, am Boden gibt es viele. Fleißig sammelt sie die Eicheln und trägt sie fort.	Zapfen aneinander reiben

Bei Klanggeschichten können sich die Kinder als Teil einer Gruppe erleben. Sie suchen miteinander nach Ideen, sprechen sich ab und begleiten gemeinsam die Geschichte mit Naturklängen. Dadurch wird das Gemeinschaftsgefühl gefördert.

Der kleine Baum

Mitten im Wald steht ein kleiner Baum. Seine Zweige wiegen sich sanft im Wind. „Ach, wenn ich doch nur nicht so alleine wäre," denkt er und sehnt sich nach Gesellschaft.	Zweige rascheln
Ein kleiner Hase hüpft um den Baum: „Du bist aber ein schöner kleiner Baum!", sagt er und setzt sich unter den Baum.	Steine aneinander klopfen
Es dauert nicht lange, da kommt ein Reh vorbei und läuft langsam um den Baum: „So ein schöner Baum!", ruft es und gesellt sich zu dem Hasen.	Stöcke aneinander klopfen
Nach einer Weile laufen Wildschweine um den Baum: „Was für ein netter kleiner Baum!", sagen sie und wühlen in der Erde nach Nahrung.	Zapfen aneinander reiben
Kleine Mäuse tippeln herbei: „Das ist der schönste Baum im Wald!", piepsen sie und suchen sich ein gemütliches Plätzchen.	Mit einem Stock über ein Rindenstück fahren
Der kleine Baum freut sich: „Ach ist das schön, dass mich so viele Tiere besuchen kommen." Vor Freude lässt er seine Zweige im Wind schaukeln, sodass es jeder hören kann.	Zweige rascheln

Waldbodenbetrachtung

Alter: ab 4 Jahren
Mitspieler: für Kleingruppen
Spieldauer: ca. 15 Minuten
Material: große Plane
Für die Variation: Lupen

Vorab wird in der Mitte einer großen Plane ein Kreis von ca. 1 m² ausgeschnitten. Die Kinder legen die Plane auf einer geeigneten Fläche im Wald aus und versammeln sich rund um das ausgeschnittene Loch. Sie legen sich auf den Bauch und betrachten still den ganz nah vor ihnen liegenden Waldboden mit all seinen Details und Kleinlebewesen. Nach ein paar Minuten regt die Spielleitung einen Austausch der Eindrücke und Entdeckungen unter den Kindern an.

Variation: Mit Lupen betrachten die Kinder kleinste Details in aller Ruhe.

> Mit einer Lupe können die Kinder kleinste Lebewesen ganz genau betrachten und in Naturführern kann vom Leben der Tiere nachgelesen werden. Es ist wichtig, dass man gemeinsam mit den Kindern nach Antworten auf ihre Fragen sucht.

Finde den Baum

Alter: ab 6 Jahren
Mitspieler: für Kleingruppen
Spieldauer: ca. 15 Minuten
Material: Augenbinden

Die Kinder bilden Spielerpaare. Einem Partner werden die Augen verbunden und er wird vom anderen zu einem besonderen Baum im Wald geführt (nicht mehr als 20–30 m entfernt).

Das geführte Kind nimmt nun den Baum in Ruhe wahr: Wie fühlt sich die Rinde des Baums an (glatt, rau, uneben)? Kann man den Baum mit den Armen umfassen? Sind Pflanzen zu spüren, die auf dem Baum wachsen (Moos, Pilze, Kletterpflanzen)? Wie riecht der Baum?

Danach führt ihn der Partner wieder zum Ausgangspunkt zurück. Nun wird die Binde abgenommen und das geführte Kind versucht den Baum wiederzufinden. Anschließend werden die Rollen getauscht.

Blätterspiele

Alter: ab 3 Jahren
Mitspieler: für Klein- und Großgruppen
Spieldauer: ca. 15 Minuten
Material: Blätter, Zapfen, Kastanien, durchsichtige Folie, Eimer

Bei einem Herbstspaziergang werden verschiedene bunte Blätter, Kastanien und Zapfen gesammelt. Die Kinder betrachten und bestaunen die Vielfalt an Formen und Farben. In einem großen Raum oder bei warmem Wetter auf einem Platz im Freien werden die Blätter auf dem Boden verteilt.

- Die Kinder laufen, tanzen, krabbeln oder hüpfen gemeinsam los und lassen die Blätter dabei wirbeln. Die Blätter können hochgeworfen und wieder aufgefangen werden und man kann sie regnen lassen.
- Die Blätter werden auf einer großen durchsichtigen Folie gesammelt. Die Kinder verteilen sich um die Folie und halten sie am Rand fest. Gemeinsam wird die Folie auf und ab geschwungen und die Blätter beginnen zu fliegen und auf der Folie zu tanzen.
- Einige Zapfen und Kastanien werden unter den Blättern versteckt. Die Kinder graben und tasten nun im Blätterhaufen nach den Kastanien. Es ist ein sinnliches Vergnügen, im raschelnden Laub zu wühlen.
- Die Kinder versuchen, Zapfen hochzuwerfen und wieder aufzufangen. Ein Eimer wird aufgestellt und die Kinder versuchen nun, die Zapfen hineinzuwerfen. Der Abstand kann variiert werden.

Spurensuche

Alter: ab 6 Jahren
Mitspieler: 6–12 Kinder (zwei Begleitpersonen)
Spieldauer: ca. 1 Stunde
Material: Straßenkreide, Naturmaterial
Für die Variation: Aufgabenzettel

Die Gruppe wird aufgeteilt. Die erste Gruppe bekommt ca. 10 Minuten Vorsprung und macht sich auf den Weg zu einem Ziel, das die zweite Gruppe nicht kennt. Die erste Gruppe legt hierbei eine Spur aus und die zweite Gruppe muss dieser Spur folgen und die erste Gruppe am Ziel treffen.

Bevor die Spurensuche losgeht, müssen sich beide Gruppen genau absprechen, was die verschiedenen Zeichen bedeuten und wie sie hinterlassen werden, z. B.:

- Mit Steinen, Zapfen oder Stöckchen Richtungspfeile legen bzw. mit Straßenkreide Pfeile aufmalen. Die Pfeile zeigen in die Richtung, die eingeschlagen werden muss. Der Abstand zwischen den Zeichen sollte je nach Umgebung nicht mehr als fünf Meter (Wald) bis 30 Meter (freie Fläche) betragen und die Zeichen müssen gut sichtbar sein.
- Mit Stoffbändern an Büschen und Bäumen kann der Weg ebenfalls markiert werden. Die zweite Gruppe sammelt die Stoffbänder wieder ein.

Variation: An den Stoffbändern werden Zettel mit Aufgaben befestigt. Diese Aufgaben müssen von der zweiten Gruppe gelöst werden, z. B.:

- Zählt die Treppenstufen.
- Sucht vier verschiedene Blumenarten.
- Welchen Verkehrsschildern begegnet ihr?
- Sucht einen Samen.
- Bringt drei verschiedene Zapfen.
- Sucht drei Gegenstände, mit denen man Musik machen kann.

Spielen und basteln

Kreativerfahrungen in der Natur

In jedem Kind steckt eine Menge Fantasie und Kreativität, und die Natur bietet unzählige anregende Dinge, die von den Kindern immer wieder aufs Neue entdeckt werden können. Naturgegenstände regen die Fantasie an; Kinder geben den Gegenständen im Spiel eine neue Bedeutung und gestalten damit die unterschiedlichsten Spielwelten.

Naturspielkiste

Alter: ab 3 Jahren
Mitspieler: für bis zu 4 Kinder
Spieldauer: variabel
Material: Kiste oder großer Karton, Farben, buntes Papier, Leim, getrocknete Blätter, verschiedene Dinge aus der Natur

Eine Kiste oder ein großer Karton wird von den Kindern beliebig gestaltet, mit Papier und getrockneten Blättern beklebt und bemalt.

- Der Karton dient als Spielkiste, den die Kinder mit selbstgesammelten Naturgegenständen ausstatten. Als Spielmaterial können die unterschiedlichsten Dinge aus der Natur gesucht und weitergestaltet werden. Beispielsweise können aus Zapfen und Kastanien mit Hilfe von etwas Leim kleine Spielfiguren hergestellt werden. Rindenstücke, Äste und Holzstücke können als Tische, Stühle oder Betten dienen. Blätter und Gräser können zu Tisch- und Bettdecken werden. Kleine Steine und Eichelhütchen können als Geschirr verwendet werden usw.
- Die Sachen aus der Naturspielkiste können die unterschiedlichsten Spiele anregen. Der Inhalt kann erweitert und verändert werden.

Tipps und Tricks: Falls nötig, gibt die Spielleitung den Kindern zu Beginn Anregungen und Spielimpulse.

Blätterkrone

Alter: ab 3 Jahren
Mitspieler: 1–12 Kinder
Spieldauer: ca. 15 Minuten
Material: Wellpappe, Farnkraut, Blätter mit langen Stielen, Klebeband

Von einer Wellpappe werden Streifen geschnitten, die etwas länger als der Kopfumfang sein müssen. Die Wellen müssen senkrecht verlaufen. Mit Klebeband werden die Streifen zu einem Ring geschlossen, der dem Kopfumfang des Kindes entspricht. In die Wellöffnungen stecken die Kinder Farnkraut oder Blätter. Fertig ist die Blätterkrone.

Naturmasken

Alter: ab 5 Jahren
Mitspieler: 1–12 Kinder
Spieldauer: ca. 20 Minuten
Material: fester Karton, Bleistift, Scheren, Leim, Gummibänder, Naturmaterialien, gepresste Blüten und Blätter

Vorab sammelt die Spielleitung mit den Kindern leichte Naturmaterialien wie Wiesenblumen, Blätter, Moos, kleine Zapfen, Eicheln, Ahornsamen und Bucheckern. Blätter und Blumen werden einige Tage zum Trocknen zwischen Zeitungen gelegt und unter Büchern gepresst. Moos muss an einem luftigen Platz gut trocknen.

Auf Kartonstücke werden Masken in Kopfgröße der Kinder aufgezeichnet und ausgeschnitten. Danach werden Augen, Nase und Mund passend ausgeschnitten. Im Bedarfsfall hilft die Spielleitung den Kindern dabei. Ein Gummiband wird an beiden Seiten der Pappmaske befestigt, mit dem sie am Kopf gehalten wird.

Nun können die Kinder ihre Masken mit den Naturmaterialien gestalten. Die Masken werden mit Leim bestrichen und beliebig mit Blüten, Blättern und andere Materialien beklebt. Die Naturmaterialien müssen trocken und leicht sein, damit sie an der Maske halten.

Kinder lieben es, sich zu verkleiden, in andere Rollen zu schlüpfen, sich unkenntlich zu machen und sich hinter einer Maske zu verstecken. Spielerisch erproben sie dabei unterschiedliche Verhaltensmuster und erweitern ihr Verhaltensrepertoire.

Waldwichtel

Alter: ab 5 Jahren
Mitspieler: 1–8 Kinder
Spieldauer: ca. 30–40 Minuten
Material: Bast, Leim, Acrylfarben und Pinsel, Naturmaterial wie Hölzer, Rindenstücke, Blätter, Moos, Federn, Zapfen

Hier können die Kinder ihrer Kreativität freien Lauf lassen. Aus Ästen, Rinde, Blättern, Zapfen und allem, was die Kinder bei einem kleinen Waldspaziergang an Naturgegenständen finden, dürfen beliebige Figuren entstehen. Ein Zapfen oder eine Kastanie kann zum Gesicht gestaltet werden. Blätter können als Hut oder Haare aufgeklebt werden. Hölzer oder Rindenstücke lassen sich als Körper verwenden, kleine Stöckchen oder Aststücke als Arme und Beine. Mit Bast können Dinge zusammengebunden werden. Mit etwas Farbe wird die Figur bunt gestaltet.

Naturmobile

Alter: ab 6 Jahren
Mitspieler: 1–12 Kinder
Spieldauer: ca. 20 Minuten
Material: Schnur, Schere, Handbohrer, stabiler verzweigter Ast, Gegenstände aus der Natur

Die Kinder werden losgeschickt, um Äste und möglichst viele verschiedene Naturmaterialien zu suchen. Am längsten hält das Mobile, wenn es mit Dingen behängt wird, die nicht verwelken bzw. die sich trocknen lassen (z. B. Rindenstücke, kleine Holzstücke, Zapfen, Bucheckern, Schneckenhäuser, Eicheln, Federn, Blätter).

- An allen gesammelten Gegenständen muss als erstes eine Schnur als Aufhänger angebracht werden. Glatte Gegenstände (etwa Kastanien) bekommen mit dem Handbohrer ein Loch, durch das die Schnur gefädelt werden kann. Anschließend werden die Gegenstände an einem Ast verteilt festgebunden.
- Zum Schluss binden die Kinder eine lange Schnur am Ast fest, sodass das Naturmobile aufgehängt werden kann.

Naturgalerie

Alter: ab 4 Jahren
Mitspieler: 1–12 Kinder
Spieldauer: ca. 20 Minuten
Material: Äste und Zweige, Dinge aus der Natur

Mit Ästen und Zweigen legen die Kinder einen Bilderrahmen auf den Boden. Anschließend ziehen sie los und suchen nach Naturmaterialien für ihr Kunstwerk. Ganz individuell werden nun Bilder in diesem Rahmen gestaltet. Wenn alle Kinder ihre Naturbilder fertig haben, wird zur „Vernissage“ in die Naturgalerie geladen. Gegenseitig können die Kinder nun ihre Kunstwerke betrachten.

Rindenschiffchen

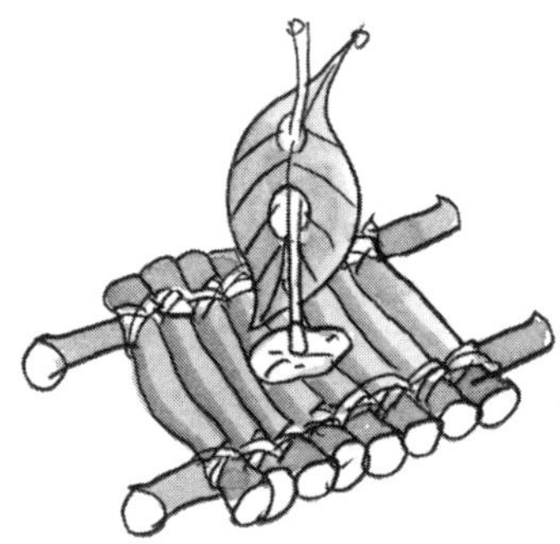

Alter: ab 3 Jahren
Mitspieler: 1–12 Kinder
Spieldauer: 10–20 Minuten
Material: Rindenstücke, kleine Ästchen, Blätter, Modelliermasse
Für die Variation: Stöckchen, Bast

Gemeinsam sucht die Spielleitung mit den Kindern nach großen Rindenstücken, kleinen Ästchen und großen Blättern, die als Segel benutzt werden können.

- Mit etwas Modelliermasse wird ein kleines Ästchen als Mast in der Mitte des Rindenstücks befestigt. Als Segel wird ein Blatt auf den Masten gesteckt und schon ist das Schiffchen fertig.
- Wenn ein kleiner Bach in der Nähe ist, können die Kinder darin ihre Schiffchen fahren lassen.

Variation: Ältere Kinder ab 6 Jahren können mit Stöckchen auch ein Floß bauen. Hierfür werden 8–10 gleich lange Stöckchen aneinander gelegt. Zwei dünnere Stöckchen werden an den Floßenden quer darüber gelegt. Das Ganze wird mit Bast verschnürt und anschließend mit einem Mast mit Segel versehen.

Naturkarten

Alter: ab 5 Jahren
Mitspieler: für Klein- oder Großgruppen
Spieldauer: variabel
Material: Naturmaterial zum Pressen, Fotoapparat, Tonkarton, Schere, Klebstoff, durchsichtiges breites Klebeband

Unterschiedliche Gräser, Blumen und Blätter von Bäumen, die die Kinder in der Natur entdecken, werden zwischen schweren Büchern oder in einer Presse gepresst und in getrocknetem Zustand auf Karten geklebt. Die Karten werden beschriftet und können mit Folie oder breitem, durchsichtigem Klebeband überzogen werden. Gegenstände wie Zapfen oder Eicheln können fotografiert und das Foto kann auf eine Karte geklebt werden. Diese Naturkarten werden in einer kleinen Kiste oder in einem schön gestalteten Schuhkarton gesammelt. Die Kinder können die Karten immer wieder anschauen und die Pflanzen benennen oder in einem Naturführer Details zu der jeweiligen Pflanze nachschlagen.

Lehmgesichter im Zauberwald

Alter: ab 5 Jahren
Mitspieler: 1–12 Kinder
Spieldauer: ca. 40 Minuten
Material: Schaufel, Lehm, Naturmaterialien, Wasserflasche, Handtuch

Für dieses Spiel kann die Spielleitung mit den Kindern in der Natur nach lehmhaltiger Erde suchen. Die Kinder graben mit der Schaufel etwas Erde aus dem Boden aus, entfernen evtl. vorhandene Steine, geben etwas Wasser hinzu und kneten die Lehmerde kräftig durch, bis sich eine gute Knetmasse ergibt.

Gemeinsam verzaubern die Kinder nun den Wald, indem sie den Bäumen Gesichter verleihen. Mit dem Lehm wird die Gesichtsform auf die Rinde modelliert. Anschließend werden gesammelte Naturmaterialien wie Gräser, Blätter, Blumen, Zapfen usw. als Augen, Nase, Mund, Ohren und Haare in den noch weichen Lehm festgedrückt.

Hinweis: Lehmhaltige Erde findet sich dort, wo das Regenwasser in Pfützen stehen bleibt. Auch im ökologischen Baustoffhandel oder in Töpfergeschäften ist Lehm erhältlich.

Hütten bauen

Alter: ab 3 Jahren
Mitspieler: für Klein- oder Großgruppen
Spieldauer: variabel
Material: reißfeste Schnüre, kräftige Äste, lange Zweige, Grasbüschel, Farnkraut

Im Wald können mit den Kindern Hütten gebaut werden. Kleinere Kinder brauchen dabei die Unterstützung von Erwachsenen.

An einer Stelle, an der mehrere Bäume eng beieinander stehen, werden die Stämme mit reißfesten Schnüren zu einem Kreis oder Rechteck verbunden. Gemeinsam suchen die Kinder nun nach heruntergefallenen Ästen. Diese stellen sie an den Schnüren zwischen den Bäumen als Gerüst auf und befestigen sie durch Zwischenschieben oder Zusammenbinden. Dazwischen werden Zweige, Grasbüschel oder Farnkraut festgebunden. Ein Spalt wird als Eingang freigelassen.

Variation: 6–8 lange stabile Äste werden im Rechteck oder Kreis aufgestellt und oben zusammengebunden. An den Ästen werden nun mit Schnüren Querstangen als Gerüst befestigt. Daran binden die Kinder Zweige, lange Grasbüschel oder Farnkraut.

Beim Hüttenbau kann sich jedes Kind einbringen. Kleinere Kinder können Zweige sammeln und die größeren können das Gerüst bauen. Es entsteht eine tolle Gemeinschaft, die Kinder werden aktiv und leisten etwas gemeinsam.

Tierspuren im Schnee

Alter: ab 4 Jahren
Mitspieler: für Kleingruppen
Spieldauer: ca. 5–10 Minuten
Material: Papier, Stifte

In einer frischen Schneedecke lassen sich allerlei Tierspuren finden. Gemeinsam betrachtet die Spielleitung mit den Kindern die Fährten, die die Tiere hinterlassen haben, und die Kinder versuchen, die Spuren abzuzeichnen. Spuren von Vögeln, Rehen, Füchsen, Hunden usw. werden identifiziert und die Kinder können mit Hilfe eines Naturführers eine Spuren-Übersicht erstellen.

Eiskristalle zeichnen

Alter: ab 5 Jahren
Mitspieler: ab 5 Kindern
Spieldauer: ca. 5–10 Minuten
Material: Lupe, schwarzer Tonkarton, Papier, Stifte

An eiskalten Tagen geben gefrorene Scheiben oder der Raureif an Zäunen und Pfosten ein Geheimnis preis: Mit der Lupe können die Kinder viele winzig kleine Eiskristalle erkennen. Wenn die Kinder bei Schneefall Schneeflocken auf einen schwarzen Tonkarton fallen lassen, entdecken sie mit der Lupe, dass auch die weichen, kalten Flocken aus lauter kleinen Eiskristallen aufgebaut sind. Im warmen Raum zeichnen die Kinder aus dem Gedächtnis einige der ganz unterschiedlich geformten Kristalle, die sie gesehen haben.

Träumen und entspannen

In der Natur zur Ruhe kommen

Gerade in der Natur können Kinder wieder zur Ruhe kommen, sich sammeln und zurückziehen und Distanz zur Reizüberflutung des Alltags finden. In diesem Kapitel werden Spiele vorgestellt, die Kinder träumen und entspannen lassen. Spielerisch werden das Einfühlungsvermögen für andere, die Körperwahrnehmung und das Körperbewusstsein gestärkt. Das unterstützt die Persönlichkeitsentwicklung und macht die Kinder selbstsicherer.

Die Ruhe in der Natur erleben

Alter: ab 4 Jahren
Mitspieler: für Kleingruppen
Spieldauer: ca. 15 Minuten
Material: Decken

Im Wald oder auf einer abgelegenen Wiese suchen sich alle Kinder einen gemütlichen Platz und setzen sich auf ihre Decken. Dann sollen sie die Augen schließen und sich auf das konzentrieren, was sie hören: Vögel zwitschern, Insekten surren, Blätter rascheln ... Danach berichten die Kinder, was sie alles gehört haben.

Dann legen sich alle Kinder auf ihre Decken und beobachten, was um sie herum geschieht: Gräser und Blumen wiegen sich sanft im Wind, Zweige bewegen sich, Wolken ziehen vorbei, ... Anschließend tauschen sich die Kinder über ihre Eindrücke untereinander aus.

Variation: Kinder ab 7 Jahren können sich einen eigenen Platz zum entspannten Naturerleben aussuchen, z. B. unter einem Baum, auf einer Bank oder mitten auf der Wiese.

Baum fühlen

Alter: ab 5 Jahren
Mitspieler: für Kleingruppen
Spieldauer: ca. 10 Minuten

Jedes Kind sucht sich einen Baum aus und betrachtet ihn genau. Welche Rinde hat er? Wie sehen seine Blätter aus? Welche Stärke und Größe hat er? Die Kinder befühlen ihn, ist er glatt oder rau? Sie umarmen den Baum, schließen die Augen und nehmen ihn ganz bewusst war. Sie riechen seinen Duft und spüren ihn. In aller Stille treten die Kinder mit dem Baum in Kontakt und kommen so zur innerlichen Ruhe.

Fantasiereisen

Alter: ab 4 Jahren
Mitspieler: für Kleingruppen
Spieldauer: ca. 20 Minuten
Material: Decken, evtl. Naturmaterial

Kinder tauchen gerne in die Welt der Fantasieerlebnisse ein. Sie genießen die Ruhe und beginnen zu träumen. Oft lassen sich gerade die lebhaften Kinder auf solche Fantasiegeschichten ein, wie sie auf den folgenden Seiten beispielhaft zu finden sind, und kommen so zur Ruhe.

Einstieg: Zu Beginn einer Fantasiereise im Freien sollte eine ruhige Atmosphäre geschaffen werden. Als Ort eignet sich eine abgelegene Wiese oder eine Waldlichtung. Decken liegen bereit; sie sind in einem großen Kreis angeordnet und die Mitte kann im Vorfeld gemeinsam mit den Kindern mit Naturmaterial – z. B. mit einem Kranz aus Zapfen und Blättern – gestaltet werden. Durch ein kurzes Gespräch bereitet die Spielleitung die Kinder auf die Reise vor. Die Kinder sollen es sich auf ihren Decken bequem machen und ihre Augen schließen.

Durchführung der Fantasiereise: Die Spielleitung fordert die Kinder zunächst auf, auf die Geräusche der Natur zu hören, das Singen der Vögel, das Rauschen des Windes, das Rascheln der Blätter usw. wahrzunehmen. Das regt die bewuste Wahrnehmung der Kinder an, wirkt beruhigend und hilft den Kindern, sich auf die folgende Geschichte einzulassen und sich zu konzentrieren. Wichtig ist, dass die Geschichte langsam vorgelesen wird und immer wieder kurze Pausen gelassen werden. Dann haben die Kinder die Möglichkeit, das Gehörte zu verinnerlichen.

Rückführung und Vertiefung: Am Ende der Geschichte brauchen die Kinder Zeit zurückzukommen. Sie bleiben noch entspannt liegen, bevor die Spielleitung zum Gespräch über die Fantasiegeschichte ansetzt. Die Kinder berichten, wie sie die Reise empfunden haben, was für sie besonders schön war. Die Kinder können ihre Erlebnisse auch aufmalen. Innere Bilder können damit besser zum Ausdruck gebracht werden.

Fantasiereise „Die Waldfee“

Alter: ab 4 Jahren
Mitspieler: für Kleingruppen
Spieldauer: ca. 20 Minuten
Material: Decken, schöne kleine Blätter

Du liegst in einer Wiese und bist umgeben von saftig grünen Grashalmen. Die Grashalme wiegen sich sanft im Wind und streichen leicht dein Gesicht, deine Hände, deine Arme, deine Füße, deine Beine und deinen ganzen Körper.

Dann stehst du auf und gehst langsam durch die Wiese. Wunderschöne Blumen sind zu sehen und ein herrlicher Duft steigt dir in die Nase. Stell dir deine eigene Wiese vor. Welche Blumen siehst du? ... Welche Farben haben sie?... Am blauen Himmel scheint die Sonne und ihre warmen Strahlen wärmen dich. Es ist ganz angenehm und du fühlst dich wohl.

Du gehst weiter und auf einmal entdeckst du im Gras etwas ganz Kleines liegen. Es hat Kopf und Beine, ist aber gerade einmal so groß wie deine Hand. Du hebst das zarte Wesen hoch und betrachtest es staunend. Es ist eine Waldfee, sie ist wunderschön. Sie hat ein Gewand aus grünen Blättern und durchsichtig schimmernde, zarte Flügeln.

Doch die Waldfee sieht ganz traurig aus und silberglänzende Tränen kullern aus ihren Augen. Du fragst die Waldfee: „Was ist los, warum weinst du?“ Sie antwortet: „Ich kann nicht mehr fliegen, mein rechter Flügel ist in einem Zweig hängen geblieben und hat einen Riss, ich komme so nicht mehr nach Hause ins Reich der Waldfeen.“ Jetzt siehst du es auch; tatsächlich, der rechte Flügel der Fee ist eingerissen. Ganz vorsichtig streichst du der Fee über ihre zarten Haare und versuchst sie zu trösten. Doch die Fee hört nicht auf zu weinen: „Hätte ich bloß auf die anderen Feen gehört, sie haben mich gewarnt, nicht alleine fortzufliegen, doch ich wollte nicht hören und jetzt kann mir keiner helfen.“

Du sagst zur Fee: „Man müsste deinen Flügel kleben! Aber wie?“ Dein Blick wandert aufmerksam über die große Wiese und du suchst nach etwas Klebrigem ... Da hast du plötzlich eine Idee. Du pflückst einen gelbblühenden Löwenzahn. Am Stängel läuft weiß klebrige Milch heraus. Vorsichtig streifst du die Milch über den verletzten Flügel der Fee und bläst ihn behutsam trocken.

Du traust deinen Augen kaum, in nur ein paar Minuten ist der Flügel wieder heil und die Fee kann ihn wieder auf und ab bewegen. Die Fee hüpft vor Freude auf deiner Hand herum und bedankt sich tausend Mal: „Vielen, vielen Dank, durch deine Hilfe kann ich wieder zu den anderen Feen zurückfliegen.“ Die Fee schenkt dir als Dank ein grünes Blatt von ihrem Gewand, das dir Glück bringen soll. Sie verabschiedet sich von dir und fliegt los.

Zum Abschied suchst du eine Pusteblume und bläst hinein. Wie kleine Fallschirme steigen die Samen in den Himmel und begleiten die Fee ein stückweit auf ihrer Reise. „Toll!“ ruft die Fee vor Begeisterung im Flug.

Vor Freude tanzt du auf der Wiese, du atmest die Luft ein und aus ... und fühlst dich einfach glücklich.

Jetzt liegst du wieder auf der Wiese und langsam reckst und streckst du dich, bis du wieder neue Kraft hast. Dann machst du die Augen auf.

Hinweis: Passend zur Geschichte legt die Spielleitung neben jedes Kind ein grünes Blatt. Wenn es die Augen öffnet, freut es sich, etwas von der Waldfee erhalten zu haben.

Kinder beobachten gerne. Sie werden dabei innerlich ruhig, lassen sich ein, entdecken und staunen, etwa über die faszinierende Welt der Kleinlebewesen: Käfer krabbeln hurtig über Blätter und Nadeln, Schnecken verfolgen langsam, aber stetig ihren Weg ... Die Kinder können abschalten und die Ruhe genießen.

Fantasiereise „Die kleine Honigbiene“

Alter: ab 4 Jahren
Mitspieler: für Kleingruppen
Spieldauer: ca. 15 Minuten
Material: Decken

Mach es dir gemütlich und beginne zu träumen. Stell dir vor, dass du eine Honigbiene bist. Du bist ganz klein, leicht und hast zarte Flügel. Du fliegst über eine Wiese. Überall gibt es unzählig viele Blumen. Stell dir deine eigene Wiese vor. Welche Blumen und Gräser siehst du? ... Welche Farben haben sie? ...

Du suchst dir eine ganz besonders schöne Blume aus und fliegst langsam auf sie zu. Jetzt setzt du dich vorsichtig auf die Blume. Du kannst den süßen Duft der Blume riechen. Atme ihn tief ein und aus ... und wieder ein und aus ... Wie das duftet ... du atmest immer wieder ein und aus und ein und aus ...

Der Wind lässt dich leicht schaukeln, das ist schön. Du fühlst dich wohl und lässt dich in die weichen Blütenblätter fallen. In der Mitte der Blüte befindet sich der Nektar. Er schmeckt zuckersüß. Du sammelst ihn ein und fliegst langsam zurück zu deinem Bienenhaus. Ganz vielen Bienen begegnest du dort, sie haben alle wie du den Nektar der Blumen gesammelt.

Gemeinsam fliegt ihr aufs Neue los und sucht euch jeder wieder eine andere Blume. Auf welcher Blume bist du diesmal gelandet? ... Welche Farbe hat sie? ... Sammle wieder ganz in Ruhe den Nektar, bring ihn zum Bienenhaus und fliege erneut von Blume zu Blume ...

Ganz fleißig bist du, und jetzt ist es Zeit, dass du dich nun ein wenig ausruhst. Leg dich auf ein weiches Blatt und lass dich vom Wind schaukeln ... Ganz langsam streckst und reckst du dich und öffnest die Augen.

Anregung: Die Kinder suchen sich auf der Wiese eine schöne Blume und betrachten sie genau.

Von der Natur gestreichelt

Alter: ab 4 Jahren
Mitspieler: 2–12 Kinder
Spieldauer: ca. 15–20 Minuten
Material: Decken, Naturgegenstände zum Streicheln

Die Kinder suchen Naturgegenstände zum „Streicheln“ (z. B. Federn, Blätter, verschiedene Grashalme). Paarweise finden sie sich zusammen. Ein Kind macht es sich auf der Decke gemütlich und darf die Augen schließen. Das andere Kind streicht nun ganz vorsichtig mit den gesammelten Dingen über die Arme, Wangen oder den Rücken des liegenden Kindes. Dieses genießt die Streicheleinheiten und vielleicht kann es sogar erraten, mit welchem Gegenstand es gestreichelt wird. Anschließend werden die Rollen getauscht.

Massagegeschichten

Alter: ab 4 Jahren
Mitspieler: 2–12 Kinder
Spieldauer: ca. 10 Minuten
Material: Decken

Massagegeschichten helfen Kindern, zur Ruhe zu kommen und zu entspannen. Die körperliche Nähe bei der Massage vermittelt das Gefühl von Wärme, Zuneigung und Geborgenheit. Das Körperbewusstsein der Kinder und das Einfühlungsvermögen für andere wird gefördert.

Für die Massagegeschichten auf den folgenden Seiten gehen die Kinder zu zweit zusammen und suchen sich einen gemütlichen Platz auf der Wiese. Eines der Kinder legt sich bäuchlings auf die Decke und macht es sich ganz bequem. Das andere Kind setzt sich daneben, dem liegenden Kind zugewandt.

Zu einer Geschichte, die die Spielleitung vorträgt und die Massagebewegungen an einem Kind vormacht, massiert das sitzende Kind das liegende Kind sanft. Danach werden die Rollen getauscht.

Auf dem Spielplatz

Es ist warm, die Sonne scheint.	Rücken mit den Händen wärmen.
Wir laufen den Weg entlang zum Spielplatz.	Mit den Händen sanft von den Füßen über die Beine zum Rücken laufen.
Langsam steigen wir die Sprossen der Rutsche hoch und rutschen mit vollem Tempo hinab.	Über den Rücken tippen. Von oben nach unten mit den Händen über den Rücken gleiten.
Super, macht das Spaß, gleich noch einmal …	Bewegungen wiederholen.
Oh, seht, da gibt es ein Karussell. Wir steigen ein und drehen uns darin erst langsam und dann ganz schnell.	Langsam mit den Handflächen im Kreis über den Rücken fahren und dabei immer schneller werden.
Dann setzen wir uns auf eine Wippe und beginnen zu wippen. Di wipp di wapp, di wipp di wapp …	Den Körper leicht mit beiden Händen von einer Seite zur anderen wiegen.
Danach laufen wir ganz vorsichtig über eine Hängebrücke. Tipp tapp, tipp tapp …	Mit den Fingerkuppen ganz leicht über den Rücken laufen.
Gut gemacht. Das macht ja riesigen Spaß. Wir sind nun schon ganz müde und gehen wieder nach Hause.	Mit den Händen sanft vom Rücken über den Po bis zu den Füßen laufen.

Apfelkuchen backen

Wir wollen einen Apfelkuchen backen. Für den Teig schütten wir Mehl und Zucker in eine Schüssel.	Mit den Handflächen leicht auf den Rücken klopfen.
In die Mitte machen wir eine kleine Mulde. In diese schütten wir etwas Milch und bröseln Hefe hinein.	Sanft in die Mitte des Rückens drücken. In der Mitte des Rückens leicht patschen.
Nun kneten wir den ganzen Teig gut durch.	Mit beiden Händen den ganzen Rücken sanft durchkneten.
Wir legen ein Tuch über den Teig und lassen ihn gehen.	Leicht mit den Händen über den ganzen Rücken fahren.
In der Zwischenzeit waschen wir ein paar Äpfel und schneiden sie in kleine Scheiben.	Kreisende Bewegungen, mit den Handkanten Schneidebewegungen machen.
Dann fetten wir mit einem Pinsel und etwas Fett ein Backblech ein.	Mit zwei Fingern leicht über den ganzen Rücken fahren.
Danach rollen wir unseren Teig gut aus und legen ihn auf das Backblech.	Mit den Fäusten leicht über den ganzen Rücken fahren.
Wir belegen den Teig mit den geschnittenen Äpfeln.	Mit den Fingerspitzen über den Rücken tippen.
Anschließend schieben wir das Blech in den warmen Backofen und lassen den Kuchen backen.	Beide Handflächen auf den Rücken legen und den Rücken wärmen.
Mmmmm, riecht der Apfelkuchen lecker.	

Weitere Anregungen

Wald- und Naturtage

- Regelmäßige Spaziergänge und Wanderungen.
- Die Jahreszeiten mit ihren Eigenschaften, Wärme, Kälte, Wind, Regen, Schnee und ihren Naturveränderungen draußen erleben.

Waldprojekte

- Bei einem Waldprojekt verbringen die Kinder gemeinsam jeden Tag die Zeit im Wald. Hier können die Kinder ganzheitliche Erfahrungen in der Natur, ohne vorgegebenes Spielzeug, machen.
- Der Wald sollte möglichst zu Fuß erreichbar sein und nach einem geeigneten Aufenthaltsplatz muss Ausschau gehalten werden.
- Ein Waldprojekt muss genau geplant werden und es empfiehlt sich bei längeren Aufenthalten im Wald, sich mit dem zuständigen Forstamt in Verbindung zu setzen.
- Die Kinder können von einem Förster Informationen über das Leben der Tiere, Baumarten, Pflanzen und das Alter der Bäume erhalten.

Natur erforschen

- Vergrößerungsgläser, Lupenbecher, Ferngläser und Naturführer zur Verfügung stellen.
- Beobachten der Natur im Verlauf der Jahreszeiten: Welche Veränderungen gibt es? Wie verändert sich ein Baum im Lauf des Jahres? Welche Blumen und Pflanzen finden wir im Frühling, Sommer oder Herbst? Wie verändert sich das Wetter?
- Tiere beobachten: Welche Tiere finden wir unter der Erde, auf der Erde, im Wasser? Wie leben die Tiere? Welche Nahrung nehmen sie zu sich? Welche Feinde haben Sie? Wie verbringen sie den Winter?
- Unterschiedliche Erdarten betrachten und vergleichen, Regenwurm-Glas anlegen.

Wasser erleben

- Wasseruntersuchungen in Bächen, Seen, Teichen und Tümpeln.
- Kaulquappen beobachten.
- Spielen mit Wasser.
- Sandburgen bauen.
- Wasserläufe und Seen in den Sand bauen.
- Baden gehen, Wasserschlacht.
- Wasserrutsche (lange Plane auf einen Wiesenhang legen und mit Wasser begießen).
- Schlittschuh laufen.
- Eiszapfen schmelzen lassen.

Exkursionen

- Besuch beim Imker, Schäfer, Gärtner, auf Bauernhöfen.
- Helfen bei einer Kartoffel- oder Apfelernte.
- Zuschauen beim Dreschen eines Getreidefeldes.

Sähen, Pflanzen und Ernten

- Einen kleinen Garten anlegen, gießen und pflegen.
- Eine Kräuterspirale anlegen.
- Pflanzen in große Kübel setzen.
- Eigenes Gemüse und Früchte ernten und damit kochen.
- Baum ziehen.

Naturräume schaffen

- Büsche und Sträucher zum Verstecken pflanzen.
- Weidenhäuschen zum Spielen bauen.
- Hügellandschaft anlegen.

Bücher zum Weiterlesen

Berthold, Margrit/Ziegenspeck, Jörg W.: **Der Wald als erlebnispädagogischer Lernort für Kinder.** Verlag edition erlebnispädagogik e. V., Lüneburg 2002

Braun, Daniela/Katy Dieckerhoff: **Natur pur: Naturpädagogik im Kindergarten.** Cornelsen Verlag Scriptor, Berlin 2009

Erkert, Andrea: **Raus in den Wald.** Spiele und Ideen rund um Wald und Wiese. Verlag Herder, Freiburg 2009 (3. Auflage)

Erkert, Andrea: **Sprach-förder-Spiele.** Verlag Herder, Freiburg 2010

Lück, Gisela: **Was blubbert da im Wasserglas?** Kinder entdecken Naturphänomene. Verlag Herder, Freiburg 2010 (3. Auflage)

Lück, Gisela: **Handbuch der naturwissenschaftlichen Bildung.** Theorie und Praxis für die Arbeit in Kindertageseinrichtungen. Verlag Herder, Freiburg 2009

Sommerfeld, Sandra: **Piraten, Schätze, Golddukaten.** Mini-Projekte Abenteuer. Verlag Herder, Freiburg 2009

Stamer-Brandt, Petra. **Wut-weg-Spiele.** Aggressionen abbauen – Stärken entdecken. Verlag Herder, Freiburg 2010

Wilmes-Mielenhausen, Brigitte: **Mut-mach-Spiele.** Stärken entdecken – selbstsicher werden. Verlag Herder, Freiburg 2010

Zimmer, Renate: **Handbuch der Sinneswahrnehmung.** Grundlagen einer ganzheitlichen Bildung und Erziehung. Verlag Herder, Freiburg 2010 (8. Auflage)

Spieleregister